一本书读懂销售心理学

打造顶尖销售高手，把任何东西卖给任何人

李昊轩◎著

READ A BOOK TO LEARN PSYCHOLOGY OF SELLING

中国商业出版社

图书在版编目（CIP）数据

一本书读懂销售心理学 / 李昊轩著 . —北京：
中国商业出版社，2012.8
ISBN 978-7-5044-7833-7

Ⅰ . ①一… Ⅱ . ①李… Ⅲ . ①销售 - 商业心理学 - 通俗读物
Ⅳ . ① F713.55-49

中国版本图书馆 CIP 数据核字（2012）第 181283 号

责任编辑：张振学

中国商业出版社出版发行
010-63180647 www.c-cbook.com
（100053 北京广安门内报国寺 1 号）
新华书店经销
三河市宏顺兴印刷有限公司印刷
*
710 毫米 ×1000 毫米 16 开 16 印张 150 千字
2012 年 10 月第 1 版 2018 年 12 月第 2 次印刷
定价：32.00 元
* * *
（如有印装质量问题可更换）

序言：用心理学战术化解销售难题

世间万象，一切皆由心起！学好管理学、经济学，不如掌握心理学。销售人员最大的优势是心理素质好、情商高，销售工作非同凡响的关键就是在掌握客户心理的基础上展开攻势，逐一化解销售难题，赢得大单！

毋庸置疑，销售是一项伟大的事业，也是一门科学、一门艺术，更是一场心理战。销售人员在业内的地位如何，能够取得怎样的业绩，在很大程度上取决于他与人打交道的能力——与客户沟通、交际、博弈。销售不仅仅只是销售人员与客户之间进行商品与金钱等价交换那么简单，它更需要对心理学的掌握与利用。这种做人做事的终极法则就是：洞悉他人的心理，然后对症下药，使对方不得不按照你的意愿行事。

“成功的销售人员一定是一个伟大的心理学家。”这是销售行业的一句名言。从这个角度来看，破解销售中的各种难题，完全可以采用心理学战术，或塑造强大气场，或结交业内朋友，或读懂客户心声，或营造有利态势，或言明利害游说，或巧用暗示制胜，或商战谈判博弈，等等。

从某种意义上说，销售就是销售人员通过沟通，将商品或服务出售给那些有需求的客户的过程。也就是说，销售的过程就是人与人之间打交道的过程。很多销售员都知道这个道理，但销售的结果却大相径庭。成功的销售员少之又少，更多的销售人员每天徘徊在路上，踏破铁鞋到处寻，沮丧、疲乏，所获甚少。可见，销售并不是大家常说的那么回事儿。无论是在一线打拼，还是管理公司团队，很多销售员还在循规蹈矩地使用那几个“经典”的销售步骤，一本正经地按照机械的流程去跟客户谈论着、商议着，常常面临着被拒绝的危险。

其实，销售到了最后，就剩下了最简单的一句话：销售必须要懂得心理学。你不要觉得研究客户心理是在浪费你的时间，其实研究他们购买的流程、动机和原因，比那些费尽口舌却不讨好的推销方法要有效得多。

美国一项最新调查显示，通常那些超级销售员的业绩是一般销售员的300倍。在为数众多的企业里，80%的业绩是由20%的销售员创造出来的，而这20%的人也并非就是俊男靓女，也并不一定都能言善辩，惟一相同的就是他们都拥有迈向成功的方法，尽管方法不相同，但有其共同之处，那就是洞悉客户心理。

本书正是从心理学角度解读销售活动，涉及心理学和营销学两个学科的内容，以销售活动为主线，配合相关的心理学术语，系统而科学地讲述了心理学在销售活动中的应用。对销售人员在销售过程中的不同阶段，消费者的不同心理，以及销售人员应该怎样去面对客户等方面都作了详细介绍，相信会对销售人员的工作有着很强的指导作用。

销售就是一场心理战！销售就是心与心的较量！本书融合多年销售实战经验，透过案例分析解读销售心理的种种玄机，并提供行动建议，帮助销售新手成为销售老手，帮助销售老手成为销售高手。

通过阅读这本书，您不仅可以领略到阅读的乐趣，还可以了解销售心理学方面的专业知识，在轻松愉快的氛围中掌握销售技巧。

将本书献给那些正在销售第一线奋斗中的人们！希望书中所列出的方式方法能真正伴随你们成长！

每一位在销售行业拼搏进取的创业人士都应该读一读这本书！

每一位有志成为伟大推销员的销售精英都应该读一读这本书！

最后，祝愿大家都能实现自己的销售梦想，成为行业销售的佼佼者！

目录

第一章 心理修习术
——销售不是打嘴仗，而是拼心理

用嘴不如用心，这是销售的一个铁律。口吐莲花的本领固然重要，但是心理的修习更胜一筹，因为再大的困难也敌不过一颗强大的心。

第二章 心理吸引术
——拉近距离，营造吸引客户的强大气场

“关系”几乎成了当今社会的生存法则之一。人际关系搞不好，将寸步难行，在商场中更是如此。与客户打交道，少不了套近乎。所有销售人员都明白“关系近了好办事”的道理，但是不见得每个销售人员都懂得如何营造吸引客户的强大气场，从而拉近关系。

第三章 心理认同术
——想成交必须先做朋友，后做生意

商界中，每个人都是为了赚大钱而来的，但是也不能只看到金钱而忽略了“交情”。俗话说，“人脉决定财脉”。往往客户认可你才有可能去认可你的产品和服务。所以千万不要仅仅把客户当成赚钱的工具，否则终究会有吃亏的那一天。在激烈的市场竞争中，既能一起发财，又能保持友情，何乐而不为？

第四章 心理倾听术 ——会做不如会说，会说不如会听

沟通从心开始，第一步就是学会倾听，在销售中，80%的成交要靠耳朵完成。“听”客户讲话，不能仅仅听文字上的话，还要善于“听音”。以积极的态度真正“听懂”客户，了解客户“话里”和“话外”所隐含的信息，识破他们的内心机密，同时让客户感到你的重视与关怀，就可以为解决问题、达成合作奠定良好的基础。

第五章 心理读人术
——身体小动作“出卖”客户内心大机密

研究表明，与人的言语相比，肢体语言通常是下意识的、不易自察的，但能够更加真实地反映人的内心世界。对于销售人员而言，只要用心体会就会发现，客户一些不经意的身体动作所透露出来的信息往往会让你的“进攻”更加顺利。

第六章 心理掌控术
——了解客户的心，才能更好地把握他们的人

客户都想被优待，都爱面子，都乐于占便宜，都怕上当受骗……即便你能了解客户的这些心理，但是不懂得如何去满足也没有办法赢得订单。要想做到这一点，最重要的就是要抓住客户的心。

第七章 心理说服术
——把话说到客户的心坎儿里

说话是一门艺术，得要领者讲话精练，字字珠玑，简洁有力，使人不减兴味且深得人心。对于销售人员来说，关键不在于口才有多好，而在于是否能把话说到客户的心坎儿里。在销售中，掌握好说话的各种技术往往能使你的努力达到事半功倍的效果。

第八章 心理暗示术 ——赢单的关键是让客户不知不觉说“是”

戴尔·卡耐基曾经说过：“人是不可能被说服的，天下只有一种方法可以让任何人去做任何事，那就是让他自己想去做这件事。”在销售中，销售人员要善于通过心理暗示把你的观点在不知不觉中渗入到客户的内心，使其在潜意识层面形成一种心理倾向，这也是赢单的关键所在。

第九章 心理迎合术 ——投其所好，轻松搞定你的客户

客户的兴趣所在，暴露了他大部分的个性、习惯，以及价值追求。这些客户所“好”也往往是销售人员搞定客户的最佳突破口。对于销售人员而言，既要把握客户的心理，也要懂得“献宝”的技巧才能事半功倍。

第十章 心理博弈术
——销售中惯用的心理学“诡计”

俗话说：兵无常势，水无常形。销售中可运用的战术也是变幻无常，但是“心理战术”却是隐藏在所有战术背后的最根本力量。人人都想在销售这场残酷的战争中赢得滚滚财源，但是并非每个人都能真正懂得商战谋略、掌握心理博弈术。

第十一章 心理降服术
——瞄准心理弱点，抓住客户软肋

对于销售人员来说，客户的优点几乎毫无意义，但是客户的弱点却意义非常。每个人都有其致命的弱点，只要能充分利用其要害之处，掌握主动，攻其不备，则可无往不利，战无不胜。只有掌握了这个道理，才能在销售行业中游刃有余。

第十二章 心理攻坚术
——临门一脚，在与客户攻防中成交

销售是以结果论英雄的游戏，没有成交，再好的销售过程也只能是风花雪夜。所以面对迟迟不肯下单的客户，销售人员往往会采取“逼单”的策略。逼单成功，万事大吉；逼单失败，功亏一篑。所以逼单也得讲究技巧，不能乱来。

第一章

心理修习术

——销售不是打嘴仗,而是拼心理

用嘴不如用心,这是销售的一个铁律。口吐莲花的本领固然重要,但是心理的修习更胜一筹,因为再大的困难也敌不过一颗强大的心。

1. 销售法则：用嘴不如用心

搞销售的人，必须有“说”的本领！但是，“能说”不等于“会说”。“能说”靠嘴巴，“会说”靠心灵。因此，用嘴不如用心，是销售行业颠扑不破的铁律。

有一次，弗兰克带领一个推销员拜访客户。对方名叫弗朗西斯·奥尼尔，早年从事纸张推销生意，经过多年奋斗有了自己的造纸厂，成为纸张生产与批发业中的领军人物。

见面之后，双方寒暄了几句，开始进入正题。弗兰克讲解了奥尼尔所拥有的产业与税收之间的关系，但在整个过程中，奥尼尔低头不语，只是静静地听着。

渐渐地，弗兰克感觉到气氛有点儿不对，因为他看不到客户的表情，甚至连对方是否在听也不确定，这真让人难堪。因此，只讲了三分钟，弗兰克就停下来，靠在椅背上等着奥尼尔发表意见。

接下来，是尴尬的沉默时间。一起来的那位推销员难以忍受这种静默，有点坐不住了。弗兰克见他准备说话，急忙用手抓住他的胳膊，示意他不要轻举妄动。

过了一会，弗朗西斯·奥尼尔抬起头，仍旧没有说话；弗兰克也没开口，仍旧悠闲地靠在椅子上。双方这样对视着，良久无言。

最后，奥尼尔终于先开口。他平日并不善谈，这次却说了足足半个小时。奥尼尔讲话的时候，弗兰克尽量不插嘴，认真注视着对方耐心倾听。

等奥尼尔说完了，弗兰克做了总结发言：“奥尼尔先生，您的讲话对我很有帮助。您告诉我这样一种事实，您比大多数人都有思想性。最初我来此的目的是帮您这位成功人士解决问题，通过沟通我明白您已花了两年时间来准备解决这一问题。尽管如此，我还是很乐意帮您进一步更好地解决这些事。我下次来的时候，一定会带来一些新的想法。”

这次会面，开头让人尴尬，结局却令人满意。弗兰克取得成功的原因很简单，他让奥尼尔把所有的难处尽管讲出来，用心倾听客户的真正需要，从而对整个事情有了全面的了解。于是，在后续的接触和沟通中，弗兰克赢得了客户的信任，接到了一大笔生意。

弗兰克的聪明之处在于，当他发现自己的话无法打动客户时，果断改变策略，开始用心寻找客户的兴趣点，以及客户真正关注的是什么。从沉默中的心理战，到后来的耐心倾听，以及最后的真心帮助，弗兰克一步步赢得了客户的信任。

相反，同来的那个推销员就有点沉不住气了。他担心弗兰克在奥尼尔这位大人物面前败落，急于打破僵局，差点坏了大事。

在销售中，请封上你那张喋喋不休的嘴巴。要知道，能说不算什么，会说才是本事。一个销售人员必须明白，什么时候该说，什么时候不该说，以及该说什么。这些都需要用心去体会和感悟。

（1）时刻关注客户的情绪状态

销售工作既是说话的艺术，更是心灵的沟通。因此，与客户面对面的时候，务必要时刻关注客户的情绪状态，从微小的表情和动作中觉察对方的真实意图，而后才是用合适的话语表达意图，实现成交。

（2）学会在销售中玩心理战

有的客户喜欢听你说，有的客户喜欢让你当听众，还有的客户顾左右而言他，让人捉摸不定。无论遇到哪种情况，你都要善于拿捏对方的心思，进而采取正确的战术，达成预期目标。

心理策略

美国艺术家安迪·沃荷，曾经告诉他的朋友：“我学会闭上嘴巴后，获得了更多的威望和影响力。”会说话，是本事；不说话，则是智慧。在复杂的销售过程中，“说”与“不说”都有很深的学问值得研究。最重要的是，你要把这四点牢记在心里：一是多听少说；二是绝不轻言人是非，三是话不说死，留有余地；四是不管真话假话都要说得理直气壮，真诚动人。

2. 做自己情绪的主人

一个人最后在社会上占据什么位置，绝大部分取决于控制情绪的能力。对销售人员来说，稳定情绪、处变不惊、游刃有余，成功才能来得更早，成就也会更大。

在销售过程中，很多时候，坏事的不是你的能力或智慧，而是你没有控制住自己的情绪。面对不好对付的客户，你失去了耐性，最后把局面搞砸；面对客户的拷问，你怒火攻心，最后说了不该说的话。可见，失去了情绪控制能力，销售人员必然一事无成。

有一个老板做广告生意，由于一切都很顺利，他的心情总是很好，而且对事物总是有乐观的看法。因此，身边的人都非常喜欢他。生意越做越大，他的公司从一个城市换到另一个城市，身边的追随者也越来越多。

有一次，一位老同学问他近况如何，他说："我现在状态很好，非常喜欢我的工作。"事实的确如此，每当身边的人因为工作心情不好，他总是告诉对方乐观地去看待一切，找到解决问题的方法。

那么，他是如何做到这一点的呢？有人向他取经，他丝毫没有保留，给出了这样的回答：

"每天早上我一醒来就对自己说，你今天有两种选择，你可以选择心情愉快，也可以选择心情不好。我选择心情愉快。"

"每次有人跑到我面前诉苦或抱怨，我可以选择接受他们的抱怨，也可以选择指出事情的正面。我选择后者。"

“每次有坏事发生时，我可以选择成为一个受害者，也可以选择从中学些东西。我选择从中学习。”……

一个乐观的人，一个积极面对一切的人，一个成为自己情绪主人的人，无论遇到什么事情，面对多大的困难，他都能乐观地处理。这就是制胜的智慧。

安东尼·罗宾斯说过：“成功的秘诀就在于懂得怎样控制痛苦与快乐这股力量，而不为这股力量所反制。如果你能做到这点，就能掌握住自己的人生，反之，你的人生就无法掌握。”

麦当劳公司创始人雷蒙·克罗克说：“我学会了如何不被难题压垮，我不愿意同时为两件事情操心，也不让某个难题，不管多么重要，影响到我的睡眠，因为，我很清楚，如果我不这样做，就无法保持敏捷的思维和清醒的头脑以对付第二天早晨的顾客。”

销售行业竞争激烈，每天面对的是常人难以想像的挑战。为此，学会调节自己的心情，保持乐观的工作态度，才能不被沉重的工作压力击垮。

（1）学会驾驭自己的情感

有些销售人员对工作中的一般性问题，都能理智、客观地处理，但不免有冲动、感情用事的时候。为此，不妨在日常工作中注意修炼自己的情绪与情感掌控能力，从而成为情绪的主人。

（2）正确评价身边的人和事

销售工作中遇到问题的时候，情绪化的做法往往把人情搞砸、把事情弄僵。为此，我们要学会全面观察问题，从多个角度、多种观点审视身边的人和事，避免偏激。这样往往会得到不一样的判断。

（3）让不良情绪得到发泄

情绪状态不好却闷着不说，会把一个人折磨坏了。因此，结束销售工作以后，找身边的朋友或知心人倾诉一下，或者到外面放松一下心情，让不良情绪得到发泄，有利于我们以更佳的状态面对明天。

心理策略

当销售工作发生意外、遇到挫折的时候，最重要的是保持一份乐观、单纯的心态，这是渡过难关的法宝。不要对未来失去信心，也不要陷入埋怨之中无法自拔。须知，上天的公平并不是表现在一切人都一样的面孔、一样的生活，而是要你以一种损失去换回另一种拥有。

3. 别太在意客户的刁难

对销售人员来说，难缠的客户简直就是一场生死边缘的噩梦。想冲着这些“不知好歹”的客户大发脾气，然而职业道德和销售任务又不允许。想用自己的三寸不烂之舌，让对方俯首称臣，然而强中自有强中手，即使自己口齿够伶俐，也难免遇到实力相当的对手，然后败下阵来。

在这种情况下，大多数销售人员往往会被客户咄咄逼人的言语冲昏了头脑，从而难免带上情绪，甚至与客户直接争吵起来。其实这并不是明智之举，因为即使你勉强说服了客户，也很难实现成交。当你进行言语反攻时，客户早已经感受到了你的不友好，所以即使客户嘴上表示认同，内心却依然排斥。人们常说无为而治，将无为的思想运用到此处是最合适不过了。

无论客户怎样刁难你，都要冷静对待，继续按照自己设定好的销售流程推进目标的实现。这样不仅会给客户留下宽容大度的印象，同时也能避免毫无意义的争论。

高明是某空调品牌的终端销售人员，刚入行的时候，她也和同行们一样，只要一遇到那些喜欢“挑刺”的客户就会头疼不已，一时气急甚至想有打人的冲动。

挨到客户离去，高明便会气急败坏的咒骂刚离去的难缠客户。然而高明很快便发现，那些随和的客户在听到自己的咒骂后，往往会沉默着离开，这样自己以后再也没有翻牌的可能了。显然，必须改变这种状况了。

一天，高明又遇到了一位喜欢“挑刺”的客户。当这位中年男子朝着柜台走来，高明赶紧迎上去。交谈了几句，对方就很不友好地说：“你们的空调没有×××品牌好，我朋友就买了你们的品牌，结果还没用多久，就有毛病了。”

听到这里，高明心中自然不爽，不觉默默地想：“那你干脆去买×××品牌好了。”紧接着，高明被自己这种想法吓了一跳，幸亏自己没把这话说出口，否则别说成交没希望，还很可能遭到客户的投诉，到时候岂不是赔了夫人又折兵。

转念一想，其实客户能走过来，说明他对公司的产品是有兴趣的，说这些刁难的话，很有可能是试探自己的，既然这样，那又何必在乎客户的恶言恶语呢，毕竟成交订单才是工作的重中之重。

于是，高明渐渐放下了对客户的不满情绪，微笑着说：“您朋友的空调出现了问题，我们深感抱歉，这是我们的售后服务电话，可以转交给您的朋友，打完电话后工作人员会在24小时内帮助解决问题。”说着，她递给客户一张售后服务卡，“如果您的朋友比较着急，可以把住址告诉我，我可以马上打电话，让服务人员上门维修。”

客户接过售后服务卡，脸色和缓了许多，毕竟高明自始至终的态度都很和善，他也没有理由一直板着脸。

高明很敏锐的捕捉到了客户脸上的变化，于是便自然而然的转到了产品介绍上。最后，经过一番攻伐，她顺利拿下了这笔订单。

在销售过程中，遇到各种难缠的客户，再正常不过了。对销售人员来说，难缠的客户总是在进行刁难，可是换位思考一下就会发现，这其实是客户对产品的询问、试探、考察。以平常心对待，你才有在销售攻伐中获胜的可能。

俗话说，知己知彼百战不殆，要想搞定这些“刺头”客户，必须要有强大的内心支撑，多想着怎么应对，少去抱怨。这样一来，才能在销售过程中从容不迫、波澜不惊。

丝毫不受客户恶劣情绪、话语、行为的影响，不被客户牵着鼻子走，这是销售人员应有的境界。按照自己的意图引导客户进行消费，并给客户留下愉快的购物体验，成交就会变得轻而易举了。

(1) 以退为进，保持一种低姿态

面对客户的刁难，不要着急与之争辩，因为这样只会激起他们更多的刁难欲望。所以，面对刁难的客户，只需要保持一种低姿态，一种底气、资本和实力。

(2) 礼貌待人，做到不卑不亢

客户的刁难不等于人身攻击，所以无论客户的话语多么的过分，请保持一个销售人员良好的职业修养。你的礼貌、谦和就是化解客户刁难的最好良方。

(3) 专注于销售目标的实现

在整个销售过程中，不要被客户刁难的因素干扰，保持足够的淡定，推进销售目标的实现，竭力促成交易的完成，是销售人员应有的自觉。

心理策略

客户的刁难，对销售人员来说是家常便饭。关键是，客户再怎么为难你，你都不能流露出一点儿负面的表现，先控制好自己，才能掌控他人。一旦被客户敏感得察觉到你的不敬，那么后面会有更大的麻烦。

4. 客户的批评是进步的阶梯

客户就是上帝。与“上帝”打交道，少不了遭受白眼和批评。这时候，销售人员不必把这种责难放在心上，认真想想为什么挨批，客户说的话有哪些可取之处……总之，把客户的批评当做进步的阶梯，有了这种心态，你的销售工作就容易大有改观。

以正确的态度面对客户的批评，最重要的是理性思考，具备往大处想的视野，要有“打掉牙齿往肚里吞”的度量。为此，不妨朝着下面几点努力。

(1) 不要把批评看得太重

销售人员决没必要把一两次受到批评和自己整个前途命运联系起来，觉得一切都完了，灰心丧气。挨了客户的批评就一蹶不振，不但对自己后继的工作无益，也会让客户小看你。

(2) 受到批评最忌满不在乎

面对客户的批评，销售人员最需要表现出诚恳的态度，从批评中引起反思，确实学到一些东西。最让客户恼火的是，你把他的话当成“耳旁风”，在以后的接触中重复以前的错误，这最让客户难以接受。

(3) 受到批评时，不可当面顶撞

许多时候，我们会遭到客户不公正的批评，甚至是错误的指责，让自己陷入被动局面。对此，我们可以一方面私下耐心作出解释，另一方面用行动证明自己是对的。遭受批评时，最忌讳当面顶撞。

(4) 挨批时不要做过多的解释

受到客户批评时，反复纠缠、争辩，希望弄个一清二楚，是很没必要的。如果确有冤情，确有误解怎么办？可以找一两次机会表白一下，点到为止。即使客户没有为你“平反昭雪”，也完全不用纠缠下去。要知道，有时候客户虐待你没有道理可讲。

（5）对批评不要牢骚满腹

批评有批评的道理，错误的批评也有其可接受的出发点。因此，受到客户批评的时候，最好以淡定的心态接受，有则改之，无则加勉，能够坦然面对客户非议的销售人员，才能在历经风雨中成长得更快。

（6）搞清楚客户为什么批评你

在追求销售业绩的过程中，每个人都渴望收获得更多。突然受到来自客户的批评或训斥，这当然是一个成功的关节点。只要处理得好，搞清楚客户为什么批评你，而后再采取适当的策略，你就容易苦尽甘来，获得更大的收获。

心理策略

没有客户的批评，就没有销售人员的成长和进步。树立这种观念，并且以谦虚谨慎的心态面对客户的批评，修炼一个能够承受各种非难的强大内心，你才可以从一棵小草长成参天大树，收获累累的硕果。

5. 把被拒绝当做家常便饭

“被拒绝”是最令人头痛的事，对销售人员来说更是如此。或许尚未开口就被人拒之以千里之外；也或许在投入大量的时间和精力之后，本以为志在必得，却还是惨遭淘汰。

有太多的因素可能造成“被拒绝”的惨剧，可能是因为客户没有需求，可能是因为客户没钱、没时间，也可能是因为销售人员自身的行业素质不够。最重要的是，我们要善于从“被拒绝”中吸取教训，而不是陷入低潮，影响到后续的工作。

萧萧是某化妆品品牌的一名销售人员。在售前培训的时候，没有过销售经历的萧萧还信心满满，准备大干一场。然而，开始工作的第一天她就尝到了被拒绝的“苦头”。

面对顾客，萧萧总是笑脸相迎，心想这样能给顾客留下好的印象，也就能为自己争取更多的时间来介绍产品。可是事实却并非如此，每次自己的笑脸十有八九会换来冷冷的拒绝。“热脸贴着冷屁股”的感觉让她觉得特别难受。

结果，萧萧不但在工作上没有成效，而且生活也受到了影响。她渐渐开始对自己产生怀疑，见了人不喜欢说话，即使是工作需要，也表现得唯唯诺诺。一段时间后，萧萧也发现了其中的问题，觉得自己或许并不适合做销售，于是便去向经理辞职。经理细心地开导她：“很多时候别人并不是在拒绝你，而是拒绝你所推销的产品或服务。即使是拒绝你也没有什么，每个销售人员都将会无数次的面对这种拒绝，并不是只针对你一个人，所以你完全不用这样怀疑自己。你很可爱，要相信自己，要学会让自己的心变得更强大，要学会应对和适应被拒绝！”。

在经理的说服下，萧萧决定再试一段时间。她研究大量销售前辈的经历，发现这些人在一开始也遇到了和自己一样的情况。不同的是，他们及时调节心理，让自己适应了这种被拒绝的工作，并坚持下去，最终取得了成功。这也就是“适者生存”的道理。

明白了这些，再次面对“被拒绝”的时候，萧萧的心开始变得强大。她告诉自己：“适应被拒绝，但决不能‘放纵’被拒绝。”每次被拒绝后，她考虑的不是自尊心受到了怎样的伤害，而是反省到底是什么原因让自己被拒绝。如果是客观原因，内心便会释然；如果是主观原因，就提高自己在这一方面的不足。

经过一个月的努力，萧萧最终取得了新手销售量第二的“战果”。这样的成绩使萧萧更加信心满满地投入以后的工作。

被拒绝是销售的起步！对销售新人来说，这并不是什么大不了的事，重要的是你怎么去面对。被拒绝了，下次换另一种方式再去访问。客人可以拒绝你的产品，但无法拒绝你的热情。要想在销售界有所发展，首先得拥有百折不挠的精神。成功不仅仅取决于你的能力，还取决于你的心理素质。因此，拥有强大的内心是销售人员走向成功的必要条件。

（1）把“被拒绝”合理化

人们总会有一种思维定式，如果一件事在脑海中被认定为合理的，便不会想要去追究它的原因。所以，要学着让自己慢慢接受“被拒绝是合理的”，只有这样才能让自己的内心变得强大，不再为“被拒绝”而烦恼不已。

（2）“被拒绝”的时候转移注意力

面对客户的拒绝，不要专注于自己“委屈”，学着转移一下注意力。如果在这时分析一下客户拒绝自己的原因，以及接下来应该选用怎样的方式来对待这个客户，不仅能减少被拒绝的“痛苦”，而且还能增加销售成功的砝码。

心理策略

很多时候，客户并不是在拒绝你，而是拒绝你所推销的产品或服务。即使是拒绝你，那也是正常的，不拒绝倒不正常了，要知道，客户凭什么要接受你呢？

6. 不妨对客户屈就一下

做销售的人，需要与客户打交道，这其实是利益之争。这时候，双方难免为了一些小事发脾气。面对客户的大不敬，千万不可意气用事，不妨对其屈就一下，在忍耐中发动攻心战。

常言说得好：“忍字头上插把刀。”忍，难能可贵；面对千变万幻的世态人情，如果不依靠一个“忍”字支撑，不知又有多少人会坠入困厄之境。想与客户成交，拿到诱人的大单，在建立关系的过程中没有忍耐的本事是不行的。

王磊在一家服装公司担任销售代表，经过两年锻炼，他已经把工作干得有声有色，并与一家大客户建立了友好合作关系。

谁料，大客户替换负责人，而对方的脾气个性与王磊很不对路，结果双方的关系一度紧张起来。这位新负责人名叫周光，是老业务员出身，没有多少文化。他对王磊的工作认真、密切配合看在眼里，却忘在脑后。一旦王磊偶尔迟到了一次，他就记在心里。

时间一长，王磊就受不了了，面对周光挑毛病、找破绽的做法，他真想亲自毁了这个客户，哪怕自己再多付出一些，找一个脾气对路的客户。

领导听了王磊的抱怨，告诫他不要冲动，要学着与新的客户代表建立关系，建立应有的理解和信任。听人劝，吃饱饭，王磊静下心来，仔细反省自己最近的言行，意识到自己也有诸多不足，于是改变了工作态度。

然后，他面对蛮不讲理的周光，既没有当面顶撞，也没有逢迎巴结，而是在工作中投入更多时间和精力，把各个细节做到位。这样一来，王磊不但提升了工作水平，也最大程度上赢得了周光的满意和信任，双方越来越默契配合，最终成了生意上的好朋友。

客户不会总是对的，也不会让你处处满意。这时候，善于忍耐对方的不敬，学会屈就对方的不足，就是销售人员应有的智慧了。

客户是上帝，与他们打交道，为争一时之气而拼个你死我活，绝对是大忌，因为这于己于事又有何益呢？泰山压顶，先弯一下腰又何妨？折断了就永远断了，而弯一下腰还有挺起的机会。

俗语说的好，“人在屋檐下，不得不低头”，意思是说人在权势、机会不如别人的时候，不能不低头退让。假如和客户产生了矛盾、冲突，论力量，你是鸡蛋，而对方是石头，怎么办？是像头脑简单的拼命三郎那样以卵击石，白白地浪费此前的付出，还是避其锋芒，通过以柔克刚的策略拿下客户？选择前者还是后者，就可以从中看出你与客户打交道的本事。

（1）避免“得罪人”情况的发生

在坚持原则的前提下，与客户发展关系应随机应变，应付自如。一般说来，你要掌握多方面的情报，了解客户的年龄、资历、喜好，努力和对方“谈得来”。在工作上应该求同存异，融洽关系，避免不愉快事情的发生。

（2）沟通到位，走出误会的死角

矛盾、争斗和误会，大多是由于沟通不畅造成的。那些销售高手，没有什么三头六臂，他们的厉害之处在于更懂得如何与客户沟通。因此，产生分歧的时候，通过沟通远离误会，这种暂时屈就的本事还是很有必要的。

（3）换位思考赢得客户信任

站到客户的位置想一想，对方也不容易。因此，你不妨多理解客户，多从工作上为他着想。及时被误解、责难的时候，也要尝试着把心胸放宽一些，继续保持对话。理解万岁，能够包容客户的人，才会赢得客户的心。

总之，在该低头时低头是一种气度，也是一种成大事者的隐忍态度。低头是为了不碰头，不摔跟头。

心理策略

“忍”字，至少有二层意思：其一是坚韧和顽强；其二是抑制。与客户来往，只要以诚相待，必然会获得相同的回报；面对客户的无端发怒，你也不必睚眦必报，在掌控好情绪的基础上采取合适的策略，才是制胜之道。

7. 常怀一颗“取经心”

社会上流传着这样一句话：“错过了与一个能够给我们以教益的人交往的机会，实在是一种莫大的不幸。”确实是这样，只有虚心好学，不耻下问，才可能广泛接触各方人士，甚至与竞争对手建立非同寻常的关系。

对销售人员来说，没有追求和奋斗目标，就不可能发现竞争对手的存在；如果缺少取经心，又怎么可能主动向竞争对手学习各方面能力呢？只有刻苦努力才能打拼出一片属于自己的天地。有进取心，才能保持一颗活力四射的“取经心”。

销售工作错综复杂，没有固定的套路可循。因此，你必须时刻准备着学习他人的优点和长处，吸取他人的经验和教训，才能愿意和敢于向竞争对手取经，这是不断改进工作、不断学习的原动力。

张军和王峰是营销专业的同学。毕业后，两个人同时进入一家公司从事销售工作。结果一年后，两个人的业绩相差很大，这是怎么回事呢？

原本生性木讷的张军勤奋刻苦，由于公司提供了很好的发展平台，所以他总是虚心向优秀的同事请教，并得到了一些前辈的耐心指导。过了一段时间，张军就签下了几个单子，这更增添了他的信心。

相反，头脑灵活的王峰斤斤计较，处处与人争斗，结果在团队里人缘很差劲。更令人担忧的是，大家都不肯帮他，所以王峰越来越孤立，销售业绩也就没有什么起色了。

一叶障目，不见泰山。王峰由于缺少取经之心，不寻找自身的原因，而是看到张军的一点优势而为自己开脱，不思进取，自甘堕落，最后远远落后于本不如自己的竞争对手，也就不足为奇了。

怀有取经心并不意味着急功近利和不择手段，相反，在竞争中保持心理稳定，树立“人人都有成功的机会”这一观念。

个人的力量是微弱的，只有全方位观察周围环境，做到心有万象，能够容纳竞争对手，能够放开胸怀，在销售工作中得到更多机会和帮助。心中没有他人，不能容下万物，你是自私的，狭隘的，即便取得一时成功，也最终落到竞争对手身后。

日本推销大师原一平身高145厘米，体重52千克，又瘦又小。但他的特点就在于他自信比别人更有永不服输的精神，永远保持学习的心态。下面是原一平的一段自述：

刚到明治保险公司的时候，我每天都要制订访问15位客户的计划。这个计划很累人，经常是连喘气的时间都没有，家和妻子自然都照顾不到了。

有时我也会问自己：“难道我每天一定要访问15位客户吗？我到底是为了什么？钱吗?”但我那倔犟的性格又迫使我不断地超越自己；我从来不愿意服输。在别人看来，我每天除了销售保险，没有其他的娱乐，在工作之余也不会带着妻子去玩。有人说，我的生活呆板得可怕；有人说，我的生活没有什么乐趣可言。但我却在工作中享受到了极大的快乐。

为了超越自己的业绩而不断地创造新业绩，面对失败，我只是笑笑，又继续努力。我每天的信念就是必须访问15位客户，若没访问完，就绝不回家。这股不服输的力量在胸中翻腾，在鼓舞着我。人生就是一系列的挑战与应战，不断地征服困难就是我人生的最大乐趣。

正是对工作的热情和持之以恒的意志，并珍惜每一个向成功者学习的机会，我才有了今天的成功。我这个人虽然“海拔”不高，但是我的成功都是在暴风雨中取得的。我什么都不怕，惟一害怕的就是自己低头折腰。只有永不服输的人才配得上成功的桂冠。如果你不想成功，你就低头认输吧！

常怀一颗取经心，虚心好学，是销售人员必须具备的良好心态，只有这样的人才善于向竞争对手学习，能够接受来自竞争对手的批评和挑战，快速成长。

（1）建立对竞争对手的跟踪系统

知己知彼，百战不殆。了解竞争对手，还远远不够，必须深入研究竞争对手，才能及时、动态把握对手的一举一动，从而采取灵活的应对措施。

（2）及时发现自身的不足

一叶障目，不见泰山。一个缺少取经之心的销售人员，无法从竞争对手的身上看见自己的缺点，发现自己的不足，而是沉迷于对外在环境的抱怨，看不见别人的进步，最后落后于人而被淘汰，就是再自然不过的事情。

（3）保持足够的危机意识

树立危机意识，怀有取经心是学习竞争对手的生存之道。可以想像，一个销售人员没有追求和奋斗目标，怎么可能发现竞争对手，又怎么可能主动向竞争对手学习各方面能力呢？善于取经，才能愈加卓越。

心理策略

对销售人员来说，常怀一颗取经心，将竞争对手当作老师和偶像，是一种气度，也是一种超越技巧。善于取经，才能愈加卓越。一个人从平凡到卓越，需要积极的心态，明确的目标，还有坚定不移的毅力，只有一步步往上攀登，才会最终抵达高峰。反之，没有取经心，就不能从竞争对手的身上看见自己的缺点，发现自己的不足，而是沉迷于对外在环境的抱怨，看不见别人的进步，最后落后于人而被淘汰，就是再自然不过的事情。

8. 建立自我，追求无我

“建立自我，追求无我”，这句话的意思就是让自己强大起来，要建立自我。同时，要追求无我，把自己融入到工作中，不要给客户压力，让大家感觉不到你的存在，来接纳你、喜欢你。

作为华人首富李嘉诚的座右铭，“建立自我，追求无我”是他的切实经商体会，也是销售人员在进取之路上应该追求的一种至高境界。

在请别人吃饭的时候，李嘉诚总是提前到酒店的电梯口等客人到来；当客人从电梯中出来的时候，主动向他们递名片；

吃饭之前，每位客人抽两个签，一个是照相的位置，另一个是吃饭的位置，来客人人平等，随机而安，让大家感觉很舒服；

饭桌上，他讲话先用汉语普通话说几句，再用英语讲讲，最后用粤语说一段，基本把客人都照顾到了。

遇到宴请人数较多的时候，会安排好几桌，李嘉诚会在每一个桌坐15分种，充分和大家沟通和交流，不分亲疏；

宴请结束时，李嘉诚还会和大家一一握手告别，包括服务人员，并且送大家到电梯口，直到电梯关上才离开。

……

李嘉诚认为，要成为一个优秀的生意人和领导者，首先要懂得自我管理，逐步建立起自身尊严。还应注重情境领导，针对不同对象和不同境况采用不同的做事方式。并谨记如下领导原则：“指挥千人不如指挥百人，指挥百人不如指挥十人，指挥十人不如指挥一人。”

多年来，李嘉诚遵循“建立自我，追求无我”的原则，放低自己，抬高别人，最大程度上赢得了客户的信赖、支持、理解与合作。这也是他的商业帝国崛起的重要秘诀。

不可否认，销售人员是为了订单而来。但是，在获取商业利益的道路上，究竟应该以怎样的一颗心去谋利，却有很大差别，这也导致每个人的工作业绩、人生高度迥异。

李嘉诚也有过推销的经历，他能够建立起自己的一番宏业，与他追求卓越的心密不可分。尤其是当他功成名就的时候，他仍旧坚持最初的做人做事原则，这种用心何其良苦。

凡是成功的人，都善于把自己的姿态放得很低，给别人面子，尊敬别人。这说明，一个取得非凡成功的人对生活的态度非常重要。

经常看到这样一些人，有一点小小的成功，就会傲气十足，目中无人，惟我独尊，自私自利，让别人不舒服，他的存在让人感到压力，他的行为让人感到羞耻，他的言论让人感到渺小。避免这种情形，销售人员需要把握好下面几点：

（1）重视赚钱的能力，但不能忽视做人的能力

钱之外的一个重要能力是做人的能力。做人，即做人的姿态。这就是对自己及别人要非常谦恭、谦虚、谦卑。销售人员要有自信，同时也要学会尊重他人，让客户认可你这个人，而不是你的财力。

（2）修炼影响力，而不是指挥力

销售人员最终要靠春风化雨的影响力赢得客户认同，而不是对客户指手画脚。正如韦尔奇所说："一个首席执行官的任务，就是一只手抓一把种子，另一只手拿一杯水和化肥，让这些种子生根发芽，茁壮成长。让你周围的人不断地成长、发展，不断地创新，而不是控制你身边的人。你要选择那些精力旺盛、能够用激情感染别人并且具有决断和执行能力的人才。"

心理策略

只有学会了尊重他人，才能得到别人的尊重。其实，道理都懂，但做起来就不是那么容易了。"建立自我，追求无我"的努力做好一次容易，但做好一辈子就不容易了，这其实是划分销售人员业绩与成就大小的一个重要因素。

9. 不要在最后一刻倒下

销售工作最考验人的耐性，尤其是面对被客户拒绝，或者陷入销售低潮的时候，如果不能做到屡败屡战，那么很难坚持到最后。

突破销售的瓶颈，往往在于最后那一刻的坚持。这种坚持，包含了销售人员应有的耐心、信心，是在销售舞台上长袖善舞的必备素养。一些销售新人上岗后，都会接受魔鬼训练，这其实就是对销售心理的一种历练。

刘洋从学校毕业后，进入一家石油公司任职，随即被总公司分配到一个海上油田工作。上班的第一天，工头就要求他在限定时间内登上几十米高的钻井架，并把一个包装好的漂亮盒子送到最顶层的主管手中。

听清楚安排后，刘洋丝毫不敢懈怠，他拿着盒子，迅速登上又高又窄的舷梯。登上顶层后，他已经气喘吁吁。主管接过盒子，在上面签上了自己的名字，又命令刘洋把盒子送回去。不用说，刘洋连忙又快速地跑下舷梯，把盒子交给工头。

令人意外的是，工头在盒子上签完名字后，仍旧让刘洋把盒子再次送给顶层的主管。刘洋想说什么，但还是忍住了，开始重复刚才的过程。就这样，刘洋拿着盒子，在工头与顶层主管之间来回跑了三次。最后他浑身上下都被汗水浸湿了。刘洋内心燃起熊熊怒火，他心里隐约感觉到，这一切似乎是主管与工头故意刁难自己。

这时候，主管似乎猜透了刘洋的心思，于是命令道："把它打开。"刘洋把盒子拆开，看到里面是一罐咖啡。这一刻，刘洋可以断定——主管与工头在联合起来欺负自己。主管接着又说："去冲杯咖啡吧！"这句话，在刘洋听来，更像是一种嘲弄。他再也克制不住自己了，用力把盒子摔到地上，气愤地说："我不干了！"

最后，主管失望地摇了摇头，对刘洋说："孩子，你知道刚刚这一切，其实是一种承受极限的训练！因为我们每天都在海上作业，随时都可能会遇到危险，因此工作人员都必须要有极强的承受力，才能完成海上的作业与任务。”

听到这里，刘洋大吃一惊：“对不起，我……”主管无奈地说：“其实前面三次你都通过了，但是就差这么一点点。你无缘喝到自己冲泡好的咖啡了，真可惜！你可以走了。”就这样，刘洋在最后一刻倒下了，失去了被录用的机会。成功与失败往往只差最后一步，关键看你如何把握。

刘洋本来拥有了进入这家公司的机会，他应该好好珍惜，感谢公司的信任以及考验。但是他失去了耐心，不能坚持到最后，终于倒下了。面对生活的考验，本来就该以感恩的心应对，但是缺乏这种胸怀的人，是无法取得最后胜利的。

在培训中，销售人员会接受公司严苛的考验，但是真正进入销售实战中，这种考验就是真刀真枪的比拼了。这时候，不再有人督促你，也不会有人给你鼓励，要完全靠自己的心理战胜外界的挫折和挑战。因此，心理素质的强弱，很大程度上决定了销售人员能够走多远。

（1）屡败屡战。失败了，再爬起来。一次次跌倒，一次次站起来。只要不向失败妥协，那么就有赢的机会。客户会层层刁难你，这其实是在考研你的战斗力。做到屡败屡战，会赢得客户的尊敬。

（2）具备苦中作乐的精神。奋斗的过程固然充满艰辛和挑战，但是它又何尝不是一种快乐呢？当销售人员通过自己的努力实现目标时，就会享受到莫名的喜悦和荣誉感，这是发自内心的成就感，是胜利的喜悦。

（3）以远大的梦想引导自己奋斗不止。当销售人员确立了可以预期的美好理想时，就会为此付诸行动，这样会具备前进的动力。所以，确立一个梦想，是销售人员努力奋斗的前提。

心理策略

再大的困难，敌不过一颗强大的心。销售人员无论面对怎样的困苦，都不要在最后一刻倒下。坚韧的人，是迎接胜利的英雄。

第二章

心理吸引术

——拉近距离，营造吸引客户的强大气场

“关系”几乎成了当今社会的生存法则之一。人际关系搞不好，将寸步难行，在商场中更是如此。与客户打交道，少不了套近乎。所有销售人员都明白“关系近了好办事”的道理，但是不见得每个销售人员都懂得如何营造吸引客户的强大气场，从而拉近关系。

1. 给顾客良好的第一印象

在销售中，第一印象非常重要。可以说，它是沟通的开始，在很大程度上影响着客户以后对你的看法及感情，也决定着将来能否迅速成交。

那些注重合作的客户认为，销售人员的形象往往代表了其所属公司的产品服务质量和合作态度，因此他们十分在意对于第一次见面时销售人员的谈吐、衣着、气质等。

（1）适度的微笑

在第一次与客户面谈时，如果销售人员的做法很客套，过于客气，反而会造成紧张气氛，而紧张的气氛往往无助于业务的达成。适度的微笑可以有效地缓解气氛。微笑时应大方得体，不做作，不应用手捂嘴大笑。

（2）良好的外表

良好的外表并不是指面容的漂亮，而是指服饰整洁得体，穿着与自己的身份、销售的产品和公司的形象相符。一般来说，在与客户面谈时，男士深色的正装是合适的，而女士着职业套装是恰当的。

（3）恰当的身体语言

要建立良好的印象，身体语言很重要。身体语言包括握手、目光接触、微笑、交换名片等等。比如，合适的握手姿势应是伸出一只手掌，力度要适中；在与客户进行面谈时，目光不要到处游离，闪烁不定。

（4）清淡的体味

在拜访客户之前，要注意自己的体味。可以使用一些具有清新气味的香水，但是不要使用味道太浓烈的香水。如果下午去拜见客户，不要吃有异味的东西，并且记住午餐后一定要漱口。

总之，第一次与客户见面的时候，一切不是要装出来，而是由心而发，把你的内在美全部展示出来。当你意识到，推销的成功在很大程度上取决于顾客对你的第一印象时，你便可能设计出最佳形象。

需要注意的是，与客户第一次见面时还要考虑具体的场景、情境，并善于处理好面谈的细节。如果不能在这方面很好地掌控客户的心理感受，那么也容易遭遇失败。

汤姆有1.80米的身高，让很多人羡慕。但是在第一次推销时，这却成了他失败的诱因。原来，当时汤姆离客户的距离很近，只有0.5米，客户却只有1.65的身高。尽管汤姆竭尽全力介绍自己的产品，力图唤起客户的兴趣，但是客户的面部表情却很难看，甚至不自觉地向后退。显然，这次谈判没有成功。

后来，汤姆找到了销售主管，询问其中的缘由。了解了现场的情况以后，销售主管说："你感觉你的身高是优势吗？在和客户谈判的时候，你的身高让客户感觉很压抑，所以他根本没心思听你说话。我猜他当时恨不得马上离开你。记住，以后一定要和客户保持2米以上的距离！"

可见，细节决定成败，销售人员必须谨小慎微，赢得客户的赏识。因此，必须牢记：销售的第一印象绝对是以貌取人的！顾客有时不需要过深地了解你，可能仅凭见你的第一印象，就判断你是否可靠、真诚和专业。所以，请努力做到行止端正、精力充沛、握手有力、自然大方、文明礼貌。

心理策略

第一印象不仅包括相貌、服装等个人印象，还可能是销售人员给客户的资料，也可能是电话中销售人员的声音和语气。因此，无论以哪种形式与客户接触，销售人员都要打起百分之百的精神，努力让客户"爱"上你。

2. 你喜欢客户，客户就喜欢你

在人际交往中，有一个相互吸引定律，你喜欢对方，对方就会喜欢你。对销售人员来说，你喜欢客户，客户就会喜欢你。

众所周知，不会赢得别人的喜欢和尊敬，人际关系就得不到提升，业务自然无法展开。因此，修养和热忱是销售人员提升人缘、业缘的利器。

张强进入销售行业已经有三年了，虽然在许多人眼里他还是一个新兵蛋子，但是凭借热情的个性、积极的努力，他还是取得了不菲的业绩。

能够有今天的成就，在很大程度上要归功于他做人的胜利。最初，张强也遭遇过客户的冷漠，不由自主地与客户发生冷战。但是，客户并不吃这一套，最后损失最大的还是自己。

于是，张强果断改变策略，开始由衷地喜欢客户，重视客户。在他看来，做人成功了，赢得了别人的认可，而不是凭借自己的财力使人屈服，才能赢得合作，让更多的客户与自己合作。

一位久未谋面的老同学看到张强的出色业绩，感到很诧异，因为在亲朋好友眼里，张强并不是做销售的料，因为他平时不善言辞，不符合中国人所说的能说会道的标准。恰恰相反，这种诚实的品性成就了他，加上用热情感化客户、用真心对待客户，因此他吸引了更多合作伙伴，让自己的业绩步步高升。

张强的成功经验在于，发自内心地喜欢客户、接近客户，这样对方也会受到感染，于是双方的距离自然拉近了。接下来，才会有合作的可能。拉近彼此的距离，让心靠得更近，这是发展客户关系的重要一步。

许多人乐于跟张三合作，却不愿意接近李四，这里面必然有原因。更多时候，客户看中的不是多么优惠的条件，因为整个行业没什么秘密可言，客户真正在意的是你这个人，在沟通中舒服，让人乐于交往。或者说，彼此之间有一种默契。

这，其实就是人与人之间的气场契合，由此更容易融洽相处。客户与你打交道的时候，总能从你营造的快乐环境和氛围里感受到惬意，并且你的信义、豪爽和憨厚，都让客户非常受用，那么你们合作的可能也就增大了。相反，处处要小聪明的人，让人敬而远之，怎么能成大气候呢？

不可否认，商场上刚开始都是朝着“金钱”来的，是为了利润整日奔波。做到一定程度，就看你的信誉、品格了，要看你是否会做人。

（1）人格魅力胜万金

许多销售人员谈到成功心得，都谈到了“人格”的作用。没有人能准确地说出“人格”是什么，但如果一个人没有健全的特性，便是没有人格。人格在一切事业中都极其重要，这是勿庸讳言的。无论任何时候，做任何事情，“人格”都是一个人的最大财产。

（2）做个有教养的人

销售人员每天都要和不同的人打交道，应付各种各样的人。言行得体，谦和友善，不逞强也不显派，喜欢助人为乐，举手投足间透出绅士的风范，那么你就容易受人欢迎。销售人员不管多么有创见、有能力、有口才，一旦他表露出粗俗、暴戾、野蛮、不合时宜等拙劣的倾向，他自身的形象就会大打折扣，业务自然也会受阻。

（3）对客户倾注你的热情

任何时候，都要对客户表现出你的热情，从而感染对方，拉近心与心的距离。有的销售人员对大客户热情如火，对小客户不放在心上，殊不知，小客户也有实力倍增的那一天，而你没有种下善因，自然无法在以后的日子里收获善果。因此，时时处处展示你的热情，对工作大有裨益。

心理策略

一个拥有魅力的销售人员会在无形中建立自己的竞争优势，会给人深刻的印象，自然容易与客户建立合作关系。同时，因为你有了别人所没有的“好面子”，你往往能做到更有效率地协调人际关系，增强影响力，更容易给对方留下难以磨灭的印象，也赢得了合作的机会。

3. 把客户的名字刻在心里

世界上最美妙的声音不是动听的音乐，而是从别人口中听到自己的名字。名字对于任何一个人来说都是非常重要的，没有人喜欢和一个不尊重自己名字的人打交道。因此，记住客户的名字，对于销售人员来说是在心理上吸引客户的重要方法。

路易·波拿巴，这位法国皇帝，拿破仑的侄儿曾不无得意地说过，他即使日理万机，也仍然能够记得住每一个他所认识的人的名字。在与人交谈时，他会把刚才听到的名字重复说几次，并且试着将它同说话者的表情、动作和容貌等联系起来，以便加深记忆。

通常，如果没有听清楚对方的名字，路易·波拿巴会说：“抱歉，我没有听清楚。”如果听到一个很特殊的名字，他就会问：“怎么写法？”如果对方是个很重要的人物，就会更加设法牢记他的名字，一等到身边没有人，就立刻把那个重要人物的名字写在纸条上，仔细瞧瞧，直到确信不会忘记为止。

成功的人总有自己的拿手好戏。路易·波拿巴的这种功夫，确实值得每个销售人员学习和借鉴。能记住客户的名字，每次见面的时候都能准确叫出对方的名字，这样顾客会感受到应有的尊重，在心理上自然认同你。

研究表明，当听到叫自己名字时，人的内心会产生喜悦感和满足感，人们每一次听到或看到自己的名字时，就像气球被灌了一次气，这将会使他们渐渐膨胀起来。在销售中，你可以一而再的使用这个“工具”，顾客是永远不会厌倦，这还可以削弱顾客的紧张心理，并缓和彼此意见的对立；同时，也会让顾客觉得你与众不同。

那么，销售人员应该如何下功夫记住客户的名字，并收到良好的效果呢？

（1）多用心，有信心

任何一个聪明的人做事比不过一个用心的人，想用心去做好这一件事情，就会认真去对待，接待好每一个进来的客户，尽可能的收集客户所有的信息。用心把客户的名字记在纸上，更刻在心里。此外，还要有信心记住客户的名字，在日积月累中做到让客户的名字脱口而出。

（2）学会重复记忆

在与顾客的交往中，要留意并尽快知道顾客的名字，必要时可以有礼貌地问“先生，请问您贵姓？”一旦知道顾客的名字，马上在心里重复念三次这个人的名字，以便加深印象，并反复利用各种机会，用名字来称呼客人，这样有助于记住对方的名字。此外，还可以根据顾客的特征多称呼几次，尽管无特别理由也无所谓，只要能记住顾客的特征，其称呼自然深植在脑海中，与顾客交谈时任何话题皆可。

（3）记录巩固记忆

“能成功是靠记忆，是靠记录”，要有效记住顾客的名字，必须把顾客的名字及相关资料记录下来。为了更好地记住顾客的名字，在提供服务过程中要专心倾听，以提高记忆的效果，要不时地望着顾客的脸，记住顾客的面貌和身体特征，并且设法和他的姓名联系在一起。最后，要把顾客姓名及相关资料建档案，然后将名字分类登记，经常翻看顾客档案，并在日后做好跟进记录。

（4）联想加深记忆

当你在记顾客的名字时，应尽可能将它和你熟悉的影像或事物联想在一起。凡是你和这个人相遇的地方，和这个名字有关的事物，和你心中对这个名字的影像，都能帮你记得一个人的名字。

（5）加强联络强化记忆

经常给客户发短信与他联系，将每个客户的号码及姓名都存入手机，这样一旦客户会打电话过来给我，就一下便能知道他是谁了，这样能一下称呼出他的名字。即使客户从来没有来过电话，也没有回过信息，自己经常要用电话，天天翻阅通讯录，看到他们的名字，也会不容易忘记他的。

心理策略

美国总统罗斯福曾说过：记住别人的名字，使别人觉得重要。记住别人的姓名，不需要特别的才能，但它所显示的魅力却非同寻常，可以让人一见倾心。摩托罗拉公司认为，如果公司的服务人员能记住企业老顾客的姓名，并在其再次光临时能立即叫出他的名字，就可以有效地提高顾客的满意程序。

4. 幽默让你更有吸引力

一个优秀的销售人员善于发挥幽默的口才艺术，消除与客户之间的紧张感，使整个交流过程轻松愉快，充满人情味。

一名房地产经纪人领着一对夫妇向一栋新楼房走去，他准备拿下这几天来的第一笔单子。一路上，他为了推销这套房子，一直喋喋不休地夸耀这栋房子和这个居民区。

“这是一片多么美好的地方啊，阳光明媚，空气洁净，鲜花和绿草遍地都是。这儿的居民从来不知道什么是疾病与死亡。”

就在这时，他们看见一户人家正在忙碌地搬家。这位经纪人马上说：“你们看，这位可怜的人……他是这儿的医生，竟因为很久一段时间都无病人光顾，而不得不迁往别处开业谋生了！”

一时间，这对夫妇捧腹大笑，原来绷紧的脸放松下来，与地产经纪人热情地聊起来。后来，双方果然签了一笔单子。

在销售过程中，幽默是拉近与客户距离最好的武器。适时发挥幽默的艺术，可以缓解紧张的气氛，打开话题，让人亲近，更能极大地增强自身的吸引力。

为此，销售人员要具备幽默的心态，这样才能把丰富的知识、热忱的工作态度、良好的服务意识、非凡的勇气和韧性，发挥到极致，让客户在欣喜中与你合作。

推销员乔治口才非常棒，而且反应敏捷，善于随机应变。有一次，他正在推销“折不断的”绘图T字尺：“看呀，这些绘图T字尺多么牢固，任凭你怎么用都不会损坏。”

为了证明自己所言非虚，乔治捏着一把绘图T字尺的两端使它弯曲起来。突然“啪”的一声，尺子折断了。乔治顿时傻了眼。

几秒钟过后，乔治把断了的尺子高高地举起来，对围观的人群大声说：“女士们，先生们，这就是绘图T字尺内部的样子。”

销售人员都有这样的体会，顾客与客户有时候是相当冷漠的，甚至还要忍受常人想像不到的轻蔑和侮辱。那么，我们为什么不让自己多一份开朗洒脱的心境呢？销售工作已经够艰辛的了，就让我们尝试着自嘲一下吧！

（1）用幽默打造良好的个人形象

面带微笑和幽默的语言，不仅能给对方产生好感，同时，也可使你在顾客心中留下很好的印象。所以，充分训练幽默说话的能力，掌握幽默的口才艺术，能够为你在客户心中的分量加分。

（2）运用幽默建立友善关系

幽默会引人发笑，所以它被称为“善意的微笑”，“以笑为审美特征”，还有人把幽默奉为“引发笑声的艺术”。在销售中，笑是调节双方感情和情绪的“润滑油”。因此，销售人员要善于利用幽默打开局面，建立与客户之间的友善关系。

（3）在笑声中产生经济效果

在商业活动中，风趣幽默能够带来价值。对销售人员来说，幽默说话最重要的一点，就是能让彼此在笑声中产生经济效果。这是因为，商业竞争最后比拼的是人，是你与利益方心理距离的远近。

（4）幽默是缓解紧张气氛的最好武器

人与人之间的交往，语言是很好的沟通工具，利用诙谐幽默缓解紧张气氛，无疑是最好的武器。人们在说话交流过程中有时由于言语不合，或者话题转入令一方或双方难以应付的内容，气氛就会变得尴尬、沉闷。这时适当运用幽默语言，对于避免和消除尴尬都很有效果。

心理策略

推销商品是一件艰辛的工作，每一个成功的推销商除了绝对的自信外，还需要具有惊人的幽默才能。所以，推销的时候，适当地发挥幽默，必能使对方印象良好，交易的成功率明显提高。

5. 用好“寒暄”这个武器

与客户打交道，少不了客套。这个过程虽然都是废话，但是却能在很大程度上拉近彼此的心理距离，并且影响到后面的沟通。

客套，或者说寒暄，在中国人的礼节中大有学问。对此，大文豪林语堂说："中国人求人办事时，像写八股文一样，寒暄和客套是少不了的。如果直截了当地开题，就显得不风雅，如果是生客就更加显得冒昧了。"

正所谓，学会客套，求人好办事。客套是一种礼节，一句问候，一个眼神、一个手势，一个点头，一个微笑……都能带给人尊重、关心，可以缩短心理距离、实现感情共鸣。

松下幸之助是日本松下电器公司的创始人，被人们称为"经营大师"。有人说他有一套秘而不宣的管理圣经，他却说自己只不过懂得如何做人做事罢了。

松下幸之助认为，人是有感情的社会性动物，彼此交流不仅有功利目的，更有感情方面的需要。比如，"客套"是暖人心的，能加深双方的了解，建立亲密关系，增加友谊。所以，松下幸之助是个很讲客套，很会运用客套的人。

每当交给下属完成一件事，松下幸之助都会说："这件事拜托你了。"遇到员工时，他也会主动打招呼，并且鞠躬致谢："谢谢你"、"辛苦了"。

有时候，松下幸之助甚至亲自为员工斟茶，或者送给对方一件小礼物。这些客套话，这些客套的做法有效激励了员工，大家都毫无怨言地做事，实现了企业的巨大发展。

与客户沟通，也是这个道理。见面之后，你立即起身相迎，然后请对方坐下，再冲上一杯茶，接着寒暄问候几句。有了这些客套步骤，客户才会获得良好感觉，否则就有被冷落的感受，甚至引起猜忌。在这种融洽的气氛中，双方谈生意就很有感觉了。

销售中所说的"寒暄"，并不是随便的说一些话题，而是在面对客户的时候如何打开话题，让客户觉得和你有话可谈，甚至可以和客户成为知己，相互之间建立信任。这对一个销售新人来说，是极其重要的。

那么，如何做好"寒暄"呢？有哪些技巧可循呢？有什么样的原则呢？在此，可以从以下几个方面来努力。

（1）不卑不亢，展现个性

有些推销员与客户谈话时，往往会带着歉意，比如，“对不起啊，占用你宝贵的时间”。这样的表情，会让客户认为：你没有什么重要的事情，并且对自己的产品缺乏自信。在接近客户时，走路，说话，和行动不但要表现出你是一个自信的人，而且还要表现出你是一个相信并完全了解自己业务的人。

（2）大胆地和客户交流，抛出话题

很多销售新人在刚开始和客户做业务时，有时候不知道跟客户讲些什么，而且有时候有很多的顾虑，很容易和客户冷场。为此，在具体面谈过程中，放大胆子是必须的。其次，要事先准备好话题，按照计划进行。

（3）扩大寒暄的话题，不冷场

尽量把话题引到客户感兴趣的话题上去。最常用的是问客户的家乡是哪里的，有什么风土人情等。客户经常是否旅游等，这些过程中的见闻，以及客户的爱好等，都可以聊。显然，这需要销售人员必须有广泛的兴趣爱好、宽广的知识面。

（4）正确交换名片

交换名片时，应双手拿着名片，把字的一方朝向客户，以便让客户能看清名片上的内容。接受对方名片时一定要双手接，同时道谢，然后仔细地看一下并读出客户的名字。拿到名片后，不要立即放到名片盒里，而应把名片放在自己桌面上，这样在与客户面谈时，可以直接称呼客户的名字或职位，让客户觉得他确实受到了尊重。

（5）注意避讳客户的隐私

在“寒暄”的过程中，涉及客户隐私的话题是绝对不能提，除非客户主动告诉你。通常，这些涉及隐私的话题有收入、家庭、婚姻等等。需要指出的是，如果客户主动告诉你个人隐私，那么在很大程度上代表他把你看成了亲近的人。

（6）把握好寒暄的时机和时间

见面的时候，要能够清楚地判断和客户见面时是否可以寒暄。是不是可以和客户寒暄主要是判断客户是不是很忙。如果客户真的很忙，我们就一定要言简意赅地表述来意和客户所需要知道的信息，然后和客户到别，并为下次拜访做好准备。

心理策略

与客户寒暄，最重要的让对方认同你。因此，接近客户时，不要有任何的疑虑和特殊的奉承之词，也不要表现得缩手缩脚的。你的自我介绍是一个开端，也是你成功的第一步。如果说你开始能给人留下十分满意的印象，你获得成功的可能性就会大得多。

6. 热情地赞美你的客户

世界上最华丽的语言就是对他人的赞美，适度的赞美不但可以拉近你与客户的距离，更加能够打开对方的心扉，这是建立合作关系的基础。

被别人承认，得到他人赞赏，是人的一种本质的心理需求。因此，在销售攻心的进程中，你必须学会站在客户的角度上思考问题，别吝啬自己的语言，用不需要增加任何成本的赞美，来打动客户的心。

一个顾客在一款地砖面前驻留了很久，导购走过去说："您的眼光真好，这款地砖是我们公司的主打产品，也是上个月的销售冠军。"

接着，顾客问道："多少钱一块啊？"导购说："这款瓷砖，折后的价格是150一块。""有点贵，还能便宜吗？"显然，顾客不满意产品的价格。于是，导购就转移话题，询问顾客在哪个小区居住。

得知顾客居住的小区后，导购又展开了心理攻势："您居住的那个小区是市里很不错的楼盘，那里的绿化非常漂亮，而且室内的格局都非常不错，交通也很方便。买这么好的房子，我看就不用在乎多几个钱了吧？还有，我们最近正在你们的小区搞促销，这次能给您一个团购价的优惠。”

听到这里，顾客来了精神：“那太好了，可是我现在还没拿到钥匙呢，不知道具体的室内面积怎么办呢？”导购说：“这个不用急，我们按规定达到20户以上才能享受优惠，今天加上您这一单才18户，还差2户。不过，您可以先交定金，我给您标上团购，等您面积出来了，再告诉我具体情况。”

就这样，导购出手漂亮，让顾客提前交了定金。一周之后，这个订单就轻松搞定了。由此不难看出，善于赞美客户，让他一步步接受你的产品和服务，那么交易就很容易大功告成了。

虽然这个世界上到处都充满了矫饰奉承的赞美，但是顾客仍然非常愿意得到你发自内心的肯定和赞美。当然，赞美是一种艺术，赞美不仅有“过”和“不及”，而且还有赞美对象的正确与否，不同的顾客需要不同的赞美方式。

具体来说，赞美方式的正确选用和赞美程度的适度把握，是对客户赞美是否能够达到实效的重要衡量标准。通过赞美拉近你与客户的心理距离，最重要的是把握下面几点：

（1）准确寻找客户的赞美点

要有一个充分的理由来赞美你的客户，这样客户才更加容易接受，从而让客户从内心深处感受到你的真诚。

（2）赞美点是顾客的一个优点

赞美点最好是客户的优点，这样对方才会真切地感受到你是在赞美他。显然，如果你不加判读地赞美了顾客的一个缺点的话，那么你的赞美只能适得其反。

（3）赞美点对顾客是一个事实

你的赞美点是一个不争的事实，这样会让客户感觉到你的赞美是真诚的，不带有任何功利的目的，对方会从内心深处感受到你的热忱，并接受你。

（4）用自己的语言表达出来

对顾客的赞美要通过我们组织自己的语言，以一种自然而然的方式非常自然的表达出来。如果你总是用冠冕堂皇的话来赞美客户，对方会认为你太过做作，对你的信任就会打一些折扣。

心理策略

赞美是一种艺术，寻找赞美点的过程也是加深对每位客户了解和认识的过程。对顾客的赞美要在适当的时机说出来，这个时候才会显得你的赞美是非常自然的，同时对于顾客的赞美可以适当地加入一些调侃的调料，这样更加容易调节气氛，让顾客在心里感觉非常的舒服。

7. 多谈顾客喜欢的话题

在心理上拉近与客户的距离，必须寻找共同关心的话题。尤其是在交谈中，销售人员不可以自说自话，必须努力控制自己的话题，一旦发现对方对自己所说的心不在焉，就要立刻打住，哪怕所说的话至关重要。

面对客户，我们的头脑里都有许多事要讲。但是，如果不能了解客户的想法，不注意找到客户感兴趣的话题，那么这次沟通就有可能失败。可见，能够掌控话题，是销售人员的必修功夫。

有一次，弗兰克拜访一位富翁。会谈从上午11点开始，到下午五点才结束，持续了6个小时。临别的时候，那位商人高兴地说：“你知道吗，我感觉好像只谈了五分钟。”

第二天，两个人接着谈判，从下午2点持续到6点。显然，两个人有许多感兴趣的话题，否则不会像多年没有见面的老朋友。

后来的一次谈判，持续了更长的时间。显然，这位富翁已经不把弗兰克当做外人了，所以他滔滔不绝地讲了9个小时的发迹史，而弗兰克作为一名听众，也兴趣十足，还不时地询问几句，或者赞美几句。

弗兰克这次却只是用心去倾听、感受，结果获得极大成功。那个富商，给他50岁的女儿投了寿险，还为生意投了10万美元的保险。

谈论客户感兴趣的话题，引起对方的兴趣，那么客户自然会敞开心扉，传达给你更多信息。两个人的心理距离近了，才会有建立信任、实现合作的基础。

除了生意上的谈判外，如果客户习惯找你聊天，那么他就真正把你当做朋友了。关键是，你要扮演好积极沟通者的角色，让你成为客户倾诉的对象，贴心的知己。具备这种功夫，总是需要花点时间的，在日常工作中，你不妨从下面几个方面努力。

（1）让自己的目的模糊化，让客户的需求清晰化

一位资深的销售人士这样总结经验：跟客户接触初期，一定要使自己的目的模糊化，让客户的需求清晰化。显然，只有不让客户感觉你是为了卖东西给他才与他接触的，这样你的成功率反而更高。这时，就需要你很巧妙的掩饰自己的目的，让客户逐渐接纳你，整个销售过程才能继续顺利进行下去。

（2）在交谈中扮演好听众的角色

记得一位牧师说过："牧师最重要的工作是倾听，推销员也一样。工作中一项重要原则就是倾听别人的心声。"在销售活动中，需要牢记一点：要把耳朵而不是嘴巴借给别人，这才是通向成功的捷径。对别人说他不感兴趣的话毫无意义，你应该说"能不能多告诉我一点儿"？当客户谈论他感兴趣的话题时，销售人员不妨扮演好听众的角色。因为，沉默技巧是推销行业里广为人知的规则之一，一旦你提出了让客户订货，你就应当闭上嘴，尽量保持沉默，等待客户回答。

（3）不要打断客户说话

有的销售人员为了急切地表明自己的立场，总是自作聪明，喜欢在客户没说完前打断谈话。这些人往往急不可耐，不等你说完就对你评头

品足，妄发议论，在你还未弄清楚究竟出了什么错时忙着纠正你的错误。这些招人讨厌的人，常常令人恼火，谁碰上了，谁都想揍他们一顿。如果以这种性子跟客户交往，他不逃跑才怪呢。

心理策略

每个人都有自己感兴趣的话题，或者是自己擅长的领域，或者是最近期望了解的东西，或者是利益所在。销售人员必须准确判断客户的兴奋点是什么，对哪些话题感兴趣，然后主动围绕着这些话题展开对话，让对方接受你。

8．“谢谢”帮你赢大单

交际中，一声“谢谢”，舌头一碰就出来了，谁都会说，但是并非每个人都能主动去说、主动去做。因为，许多人认为，这是无足轻重的小事，可有可无。殊不知，细节决定成败，在细小之处加强个人修养，才能主动把握机遇，在销售之路上创造非凡的业绩。

赖淑惠是中国台北“心灵成长协会”的创办人。当年，她住在一个大厦里，同时兼营这个楼的房产中介。每次出入大厦的门口时，赖淑惠都会非常礼貌而诚恳地和大门的管理员打招呼；有时候，管理员主动开门，赖淑惠还会开心地说声“谢谢”，并点头微笑。

接着，赖淑惠经过一番细心观察发现：凡是对大厦有兴趣的买家，第一个总是先询问这位大门管理员。比如，询问的人总是这样提出问题：“最近有没有住户要卖房子啊？价钱多少呢？”于是，赖淑惠开始有针对性地结交这个管理员，除了像往日那样热情地与值班的管理员打招呼外，她还在每次出差时顺道带回当地土特产，表达自己的心意。

渐渐地，大门管理员开始把赖淑惠当作自己的朋友。每当有人前来询问房子时，管理员都会说："你去问住在八楼的赖小姐，她很喜欢买卖房子，这样就不必再去找其他中介商了。"而且，楼里有谁急着卖房子换钱，也总是第一个传到赖淑惠的耳朵里。结果，赖淑惠在这座大厦一个物业上整整赚进了1000多万元。

由此可见，最能取悦他人及取悦自己的话，是"谢谢"；最能凸显他人尊严与自己感恩的话，是"谢谢"。往小的地方说，它能表现一个人的礼貌、谦逊、优雅，往大的方面说，它能产生不可预料的扭转情绪性的反应，帮助销售人员建立良好关系，甚至在关键时刻改变人生命运。

与客户谈合作的时候，说一声"谢谢"很简单，然而许多人不具备这种意识，没有养成这种习惯。不善于感恩、表达谢意，这样的人凭什么会获取强大气场呢？

尤其是面对潜在客户的时候，他们可能只是不起眼的"小人物"。但是，如果你忽略了他们，在结交心态上存在着偏差，终有吃大亏的那一天。

在这里，我们尤其要警惕后一种，千万不要怀着一份过于势利的短浅眼光做销售。《伊索寓言》里说："不要瞧不起任何人，因为谁也不是懦弱到连自己受了侮辱也不能报复的。"

（1）平等的观念

与人打交道的时候，人们常常会无意识地以身份、地位、职业来衡量对方。区分对象是必要的，但是，别人现在富贵，出金入银，就一副小人嘴脸伺候着，别人现在是个潦倒的小人物就忽视、轻视、鄙视，这种做人做事方法会让我们吃大亏。

（2）平和的心态

拥有平和的心态，对他人的帮助心存感激，及时表达谢意，这既是个人应该具备的美德，也是处世的良方。红顶商人胡雪岩有着高超的交际手腕，总是让人叹服、臣服，而他的过人之处是："对事情看的透，眼光够远，从不会轻忽小人物"。

（3）厚德载物

君子以厚德载物。能够以公正、平和的心态对待身边的每个客户，能够在细微之处严格要求自己，把事情做到位，这是君子应有的美德。正是因为超越了常人，能够把“谢谢”这种小事也做好，你才能具备做大事的能力，赢得大单。

心理策略

态度不仅看得见，而且还能“听得见”。它表现在你的面部表情上，也隐藏在你的声音里。感谢他人时，一定要把握好态度问题，否则你的谢意就可能变味儿。对他人说“谢谢”时，你的态度好坏确实起着举足轻重的作用。轻松愉快地说“谢谢”，给人快乐；勉强说出“谢谢”，会让对方认为你在惺惺作态，还不如不说的好。总之，好的态度会使你在任何方面永远立于不败之地。

第三章

心理认同术

——想成交必须先做朋友，后做生意

商界中，每个人都是为了赚大钱而来的，但是也不能只看到金钱而忽略了“交情”。俗话说，“人脉决定财脉”。往往客户认可你才有可能去认可你的产品和服务。所以千万不要仅仅把客户当成赚钱的工具，否则终究会有吃亏的那一天。在激烈的市场竞争中，既能一起发财，又能保持友情，何乐而不为？

1. 真诚待人比什么都重要

诚实是做人的基本品德，是一切德性的的基础。一个人连诚实都做不到，其他的品德都谈不上了，注定也无法赢得他人的信任。对销售人员来说，真诚比什么都重要。

小李今年刚刚 24 岁，两个月前接受完培训，成为一名销售人员。在团队里，小李算不上是最聪明的，甚至有点木讷，甚至在开始的实战对练中经常“卡壳”。

比如，训练主管问：“你能告诉我让我购买的理由吗?”小李瞪着两个大眼睛，半天说了一句话。再比如，在模拟训练中面对客户投诉，一般的业务员都会“推卸责任”，但是小李却总是一句话：“如果确实是这样的话，我愿意赔偿损失，哪怕是我个人出钱!”

看着小李真诚的样子，销售领导都为她发愁，这样的人怎么做销售啊。但是，出乎所有人的意料，小李连续两个月都是团队里的销售冠军。这是怎么回事呢?

真诚，这是销售领导研究后给出的答案。小李个性单纯，在她的脸上可以看到喜怒哀乐。并且，她有一颗善良的心，面对客户刁难和发怒，也始终坦然面对。

有一次，在化妆品店铺，一个顾客拿着美白的产品站在小李面前大声训斥，而小李一直静静地听着，只说几句附和的话。最后，这个客户竟然没有退货就直接回去了。

“玩心机”做销售，许多人赚了钱。因为，业务员越精明，越容易得到客户的赏识，得到老板的青睐。但是，现在不一样了，随着客户的挑剔和“上当”后越来越聪明，客户已经把产品质量和价格放在了服务的下面，也就是说很多人买东西就是买个放心买个开心。于是，真诚成了打开客户心门的钥匙。

诚实有巨大的人格感召力。说话诚实，做事诚实，内心诚实，就会令人信服。销售人员以诚对待顾客，才会得到客户的信任和尊敬。有些销售人员为了在短时间内谋取到更大的利益，便可能采取了一些不诚实、不道德的方法，但是这些做法很快就会被揭穿，很多客户就会离你远去。

多年前，有位好友在美国旅游，逛到一家百货公司的皮鞋部，进口处有一堆鞋子，标着“超级特价，只付一折即可穿回”。

这位朋友瞥见一双漂亮的大红鞋子，拿起来一看，简直令人不敢相信，原价70美元的鞋子只要7美元。她试了试，觉得皮软质轻，实在是完美无瑕。更可爱的是，身上的红外套，倒像是为这双鞋订做的。

她把鞋捧在胸前，然后招手呼唤服务小姐。工作人员笑眯眯地走了过来：“您好！您喜欢这双鞋？正好配您的红外套。”她伸出手说：“能不能再让我看一下？”朋友把鞋子交给她，不禁担心起来，问：“有什么问题吗？不会是价钱弄错了吧！”那位服务小姐赶紧安慰说：“不不，别担心，我只是要确认一下是不是那两只鞋。”朋友说：“什么叫两只鞋，明明是一双啊。”

那位小姐诚实地说：“既然您这么中意，而且打算买了，我一定要跟您说明一下，把真实情况告诉您，请到旁边坐。”

两个人来到一个僻静的角落坐下。服务小姐真诚地对这位朋友说：“谢谢你购买我们的产品。不过，非常抱歉！我必须让您明白，它真的不是一双鞋，而是相同皮质，尺寸一样，款式也一样的两只鞋。”

朋友听了心里一惊，这位服务小姐继续说：“您仔细比较一下，虽然颜色几乎一样，但是，还是有一点色差。我们也不知道是否以前卖鞋时，销售员或者顾客弄错了，各拿了一只，所以剩下的左、右两只正好又能凑成一双。我们不能欺骗顾客，免得您回去发现真相以后，后悔而责怪我们，如果您现在知道了而放弃，您可以再选别的鞋子。”

听完这番真挚的话，这位朋友显然被感动了，她被这家百货公司真诚的服务态度折服。转念一想，穿“两只鞋”又不是立正齐步走，或是让人蹲下仔细比较两边色泽，既然价格这么便宜，质量也不错，还是买了吧。

最后，这位朋友拉住服务小姐的手，也真诚地说了一声“谢谢”，感谢她们对自己的诚恳态度。接着，她除了买那“两只”鞋以外，又买了“两双”其他款式的鞋子。

几年后，这位朋友每次看到那那“两只”鞋，仍然把它们当作最爱。如果有人称赞那双鞋颜色漂亮、款式大方，这位朋友仍旧不厌其烦地讲述那个动人的故事。惟一的后遗症是，每次她到纽约时，总喜欢抽空去那家百货公司捧回两三双鞋。

以诚心对别人，同样会换来对方诚心的回报。不要为了个人的眼前利益，而去欺骗别人，这样你才能交上真正的朋友。富兰克林曾说：“人与人之间的相互关系中，对人生的幸福最重要的，莫过于真实、诚意和热情。”

真正的成功者是以诚实为做人之道，懂得诚实是获得彼此信任的基石。道理虽然简单，但是真正能做到的又有几人呢？许多人把诚信与精明对立起来，认为诚信的人不精明，精明的人不诚信，其实这是一种片面、极端的看法。

（1）待人不要太过于精明

对销售人员来说，学会分析市场趋势、掌握销售技巧，都要求尽可能精明一点，这是无可厚非的；但是，在与客户合作时，不要过于精明，太精明而不诚信，会招人讨厌，遭人离弃，失去合作伙伴，什么事也做不成。

（2）用真实的行动打动客户

与别人合作，必须以真实的行动来打动客户，经受客户的考察和考验。如果采取坑蒙拐骗的伎俩做生意，这种目光短浅的做法势必让我们有朝一日进退维谷，在商场上失去立足之地。此外，还以长远的眼光看问题。比如，有时候，原料涨价，产品跟着涨价就行了，但是这会让你失去一些客户。相反，眼光长远一点儿，通过降低成本等手段渡过难关，客户会更信赖你，以后的日子会更好过。这是守“信”带来的好处。

（3）信守诺言会带来丰厚的回报

商场如战场，充满投机取巧和激烈的竞争，是“你死我活”的战场。但必须坚持诚信原则，谁先悟出这个道理，谁就先得到；谁违背了它，市场就先惩罚他。对销售人员来说，守“信”才能生存，才能获得利润回报。

心理策略

做销售，掌握技巧是必要的，精明也不可缺。但是，千万不要把客户当成“傻子”，也不要单纯地把客户当成“赚钱的工具”。让客户看到你的真诚，放低姿态，暂时的付出会让你以后收获得更多。

2. 让人信服并喜欢和你交往

俗话说，人脉决定财脉。一个人若能做到左右逢源，进退自如，上不得罪于达官贵人，下不失信于平民百姓，中不招嫉于同行、朋友，人脉大树就能枝繁叶茂，他离发财也就不远了。

有了人脉关系，生意就会灵活、方便，各个环节畅通无阻，就会带给你机遇、利益和帮助，虽然它不是金钱，却胜似金钱；不是资产，却形同资产。销售人员赢得客户，就是要把对方变成朋友。

刚刚踏入商场的时候，李嘉诚生产塑胶花，曾有一位外商希望大量订货。不过，对方有一个条件，必须有实力雄厚的厂家作担保。这对白手起家、没有任何背景的李嘉诚来说，无疑是一个难题。

后来，他硬着头皮，上门求人为自己担保，最后磨破了嘴皮子，还是没有人愿意帮忙。看来生意要泡汤了，李嘉诚只好把实际情况都告诉了外商。

结果，外商被李嘉诚的诚实打动了："说实话，我本来不想做这笔生意了，但是你的坦白让我很欣慰。可以看出，你是一位诚实君子。诚信乃做人之道，也是经营之本。所以，我相信你，愿意和你签合约，不必用其他厂商作担保了。"

不料，固执的李嘉诚却拒绝了对方的好意，他说："您这么信任我，我非常感激！可是，因为资金有限，我确实无法完成您这么多的订货。所以，我还要遗憾地说，不能跟您签约。"

看到李嘉诚如此，外商颇受感动，他没有想到，在"无商不奸"的商场里，还有李嘉诚这样的诚实君子。于是，外商当即决定，即使冒再大的风险，也要与这位诚实做人的年轻人合作一把。最后，双方做成了这笔买卖。

销售人员得到客户的认同和信任，单纯凭借那点聪明是远远不够的，还必须在做人处世方面有过人之处。做销售，其实就是做关系、做人，大量的订单与其说来自精于计算，还不如说是做人的胜利，是当事人诚信待人、广结善缘的结果。

（1）让人喜欢与你相处

要想在商业上取得成功，首先要会做人，因为世情才是大学问。世界上每个人都精明，要令大家信服并喜欢和你交往，那才是最重要的。

（2）时刻修炼好人缘

把销售工作做好，离不开好人缘。只有在为人处世方面做得都很到位，能够拿捏好分寸，才会让人信服。人缘好，关系就有了，人脉也就很广，生意就不难做了。

（3）任何时候都讲信用

做销售就是做生意，说到底这是建立信用的过程，"信用是交易的基础"。厚道做人，表里如一，讲求信誉，才能赢得合作伙伴和顾客的信赖，广结善缘。如果你的所作所为不能令人信服，那就无法建立信任，也就失去了信用，销售也就成了一句空话。

心理策略

成为一名出色的销售人员，学会做人是一个必须的前提，换句话说，就是未学做事，先学做人。只有先成为一个值得信赖的人，别人愿意和你交往，才有可能成就一番大事业。一个成功的销售人员必定是君子，而不是小人。那些表面上看来猴精鬼灵的人，是不适合经商的；就算是经商有了点成果，也不过是一些骗钱的骗子罢了，终究还是得不到别人和社会的信任。

3. 友谊很难用金钱来购买

客户是销售人员的衣食父母，这一点没有人会否认。但是，客户又是多变的，甚至会把下一个大单送给你的竞争对手。这又让人十分纠结。

对此，销售人员要保持一份豁达，本着顺其自然的心态，与客户发展友谊。以不争为争，客户总会在某一天感受到你的谦恭，自然在认同的基础上把你当做长期合作伙伴。

对于销售人员与客户之间的利益关系，我们不应该否认。因为在商业世界里，每个人都是为了赚大钱而来的。关键是，我们不能只看到金钱，忽略了“交情”，否则终究会有吃亏的那一天。

在激烈的市场竞争中，同行间既能一起发财，又能保持友情，才能把生意做得更大，也更长久。李嘉诚就是这样一个在做生意中既挣钱，又讲友谊的人。

20 世纪 80 年代，香港大富豪包玉刚看到九龙仓股票发展势头甚猛，就在利益的驱动下，考虑吃掉这块“大肥肉”。同时，李嘉诚已经动手了，他一举夺得九龙仓 2000 万股的股票。

在很短的时间内，九龙仓的股价由原来的10多元港币涨到40元港币。出乎所有人的意料，李嘉诚主动以每股36元港币的价格，把这些股票转让给包玉刚。

面对这种情形，包括朋友、下属都不理解李嘉诚的用意，把到嘴的肥肉吐出来送人，确实有点傻。不过，李嘉诚却有自己的高见，他说："做生意是为了赚大钱，但只要有门道就可以赚到，而友谊却很难用金钱来购买啊！"这一肺腑之言，既表现了李嘉诚豁达的胸襟，又凸显了他卓越的经商智慧。

日后，李嘉诚与包玉刚成了好朋友，在生意场上联手做成了许多大买卖，真正实现了"有钱大家赚"的目标，这种经营智慧让人钦佩。

生意场上的心得，对销售人员来说同样是宝贵的财富。与客户如何相处，怎样让客户认同你这个人，的确是把销售事业做大的关键所在。

尤其是在商业谈判中，当与客户发生利益纷争的时候，销售人员务必要保持清醒的头脑：和气生财，不应该恶斗，要在合作中赚钱。即便与客户发生激烈的争辩，过后也应该放下身段，握手言和。这是先做人后做生意的大智慧。

世界上没有永恒的敌人，也没有永恒的朋友，只有永恒的利益。所谓"不打不相识"，与客户合作，要先交朋友后赚大钱。做销售其实就是做生意，是为了"求利"，而不是动干戈，争意气。为了利润，灵活应变，具备求和的心态，是销售人员的基本素养。

（1）努力跟客户交朋友

销售人员能够签下多大的单子，事业能够发展到多大，在很大程度上取决于他交朋友的能力。善于把陌生的客户变成买家，而后再变成朋友，具备了这种能力，销售工作才算做到家了，才算是真正的业内专业人士。

（2）谈判中要理智，不要算计

算计就是斤斤计较，它与和气生财的理念是背道而驰的。在商业谈判中，过分看重利益，尤其是争执那些不属于自己的利益，无疑是一种愚蠢的行为。丢失了谈判的底线，单纯为了利益去跟客户争斗，那将演化成一种灾难。

（3）以德报怨，化敌为友

成功的竞争哲学是“宁失利益，不失关系”。做销售很辛苦，奔波劳累的目的还是要让自己的生意发展壮大，实力增强。要拿更多订单，要获得财富，就要建立广泛的社会关系。为了一时的利益，把客户当做竞争对手，甚至与对方结怨，那就太不明智了。即使客户以前真的得罪过你，也要化敌为友。要知道，包容了一个对手，就相当于多交了一个朋友。

心理策略

毋庸置疑，求利就会有竞争。在销售过程中，与客户发生矛盾和误解不可避免。这时候，请试用一下这样的竞争法则：如果不能说服或打败你的客户，就和他们合作。这是许多成功商人屡试不爽的博弈策略。最后，请牢记李嘉诚的一句话：“做生意是为了赚大钱，但只要有门道就可以赚到，而友谊却很难用金钱来购买啊！”

4. 千万注重自己的名声

商业圈子很广，也很小。搞销售的人虽然是为了钱而来，但是不能为了钱不择手段，经营好自己的名声尤其重要。

名声是什么？它是一块招牌。有了好名声的人，他的名字含金量高，大家都乐意跟他合作，省了沟通、磨合的成本。比如，一个人注意加强个人修养，非常讲信用，而且为人谦和，容易相处，那么他赢得商业伙伴的机会就更大。

销售人员在做人方面得到了别人的认同，有一个好名声，自然容易得到众人的追捧，从而在事业上有所建树。

汤姆是当地小有名气的代理商了，他为人热忱，善于沟通，所以业务越做越大，许多人都慕名而来与他合作。

有一次，一位广告商前来洽谈生意。汤姆想得十分周到，派服务员在地下电梯门口等待，把这个人接到了楼上。

恰好那天下雨了，广告商被雨水淋湿了，汤姆看到这种情形，连忙帮着他脱下外衣，并亲手挂在旁边的衣架上，根本没有大老板的做派。

无论对待生意上的合作伙伴，还是对待身边的员工，汤姆都平易近人，为人处世让各方都满意。这帮助他在生意上取得了更大成就，事业蒸蒸日上。汤姆的成功心得是，要照顾对方的利益，这样人家才愿与你合作，并希望下一次合作。

汤姆为什么业务上蒸蒸日上，显然与他会做人做事有很大关系。善于与人相处，懂得经商之道，有了好名声自然容易得到他人的认同。如果客户提到你的名字，总是挑起大拇指，你想不赢单也难。

说到底，销售是与人打交道、赢得信任的工作。而你的好名声会帮你在建立关系的过程中事半功倍。那么，建立和维系好名声，需要从哪里入手呢？

（1）懂得做人

一位商界成功人士说过：“先做人，后做事，做人做好了附带着就把事情做了。”无论从事什么工作，做人都是基础，是根本、是关键，要想把事情做好，首先必须把人做好了。

（2）谦和处世

在与人交往上，要注重待人谦和。中国自古就有“和气生财”的说法，大家关系好了，才有合作的可能。所谓“和”就是与人为善、相互帮衬。一个不善于与人相处的人，是很难赢得合作伙伴的。

（3）加强修养

从个人修养的角度来看，销售人员要具备以下素质：毫不动摇的勇气、良好的自制力、强烈的正义感、坚定的信心、具体的行动计划、奉献精神、迷人的个性魅力、同情与理解力、责任感、协作精神、果敢和决然、善于与下属沟通、激励和表扬下属等。

（4）提供关爱

对伙伴、上级、下属、客户多关心、爱护，这意味着谅解、体贴、信任。长期尔虞我诈的不正常、不健康的商业环境下，懂得关爱的人更容易赢得信任，从而建立起长久的买卖关系，方能赚到钱。

（5）遵守商道

经商盈利有“道”，有规律可循，然而“德”是“道”的化身——懂得如何做人，具备了做人的品德，令人信服，才能成大事。我们常说“做人要厚道”，意思就是不能违背“诚实”、“豁达”、“感恩”、“直率”、“助人”等品质，成为可信赖、值得倚重的人。

心理策略

注重自己的名声，努力工作、与人为善、遵守诺言，这对你的事业非常有帮助。在各种音速里，“厚道”在今天显得尤其重要。老子认为，不负于人，不欺于人，就叫厚道。做人不宽厚，认为自己比别人聪明，认为其他人都是傻子，只能“聪明反被聪明误”，到头来一场空。

5. 妥善处理与客户的摩擦

销售人员面对庞大的市场，成百上千的客户等着去拜访、谈判。与形形色色的客户打交道，很难避免发生各种摩擦。而销售人员处理摩擦的功夫，决定了他是否能够与客户妥善相处，并得到客户的赏识。

与客户发生摩擦的时候，首要的的一点是懂得宽容。销售人员要在心理上宽容客户，对其有责任感。客户是利润的源头，因此双方有了矛盾不可以发火，需要不急不躁，能为对方着想，积极妥善地处理好和客户之间的关系。如果只求一时的痛快，“老子天下第一”，那么小摩擦就会变成大打出手。

此外，销售中感觉到生气、焦躁或是不安的时候，不要急着往前冲，请后退两步吧。后退两步，并不表示停滞不前，甘于懦弱，它可以让我们的视野更开阔，让我们把情况分析得更透彻，从而做出正确的判断。而且，因为你后退两步，许多的矛盾，便会一下子化解得无影无踪，从而让你拥有海阔天空的心境。

具体来说，怎样才能做到妥善处理和客户的摩擦呢？这就要求我们学会替对方着想，尊重对方的人格，具有互相保护、互相帮助的愿望和意向，做到遇事冷静、谅解、宽容和大度。

（1）使用符合客户语言习惯的表达方式

大多数矛盾和摩擦都是由于沟通不畅引起的。接触客户的过程中，销售人员要掌握客户的语言表达习惯，接近他们的潜在需求，在交流中避免发生误解。

（2）掌握客户的业务及目标

只有更好地了解客户的业务，才能使产品更好地满足其需要。这将有助于销售人员设计出真正满足客户需要并达到期望的进攻策略。

（3）充分尊重客户的意见

如果销售人员与客户之间不能相互理解，那么销售人员就要主动退让，在尊重客户意见的基础上选择合适的对策，在双方之间建立合作的基础。

（4）对摩擦提出建议和解决方案

面对摩擦，销售人员必须努力提出一种实际可行的实施方案，为此首先要了解客户的真正业务需求，同时还应找出与当前业务不符之处。

心理策略

销售人员每天都要接触他人，在人际关系中难免发生“磕磕碰碰”。小摩擦处理得好，可以“化干戈为玉帛”，处理不当，也可能酿成大祸。绝大多数发脾气、斗脾气者的结局，往往是不怎么妙的，不是败事，就是情亡。因此，许多人这样评价善发脾气者：“脾气来了，福气走了。”这话虽然难听或不中听，但事理的确如此，它给人以深刻的启迪。

6. 有钱大家赚，利润大家分享

销售人员与客户的利益是一致的，因此要坚持共享的原则。如果一单生意只有自己赚，而对方一点不赚，这样的生意绝对不能干。因为，生意人应该利益均沾，这样才能保持久远的合作关系。相反，光顾一己利益，而无视对方的权益，只能是一锤子买卖，自己将生意做断做绝。

“有钱大家赚”，这是李嘉诚不变的原则。在利益共享方面十分慷慨，容易赢得众多追随者，这使李嘉诚很有人缘，生意越做越大，越做越容易。

在香港地区，董事长每年会从利润中拿出一定比例来奖励董事会成员，称之为“袍金”。李嘉诚出任十余家公司的董事长或董事，所得“袍金”会有上千万港元。但是，他把所有的袍金都归入长江实业的账上，自己全年只象征性地拿5000港元。

事实上，这5000港元还不及一名清洁工在20世纪80年代初的年薪。李嘉诚在董事袍金上的做法，成为香港商界、舆论界的美谈。

难能可贵的是，李嘉诚每年放弃数千万元袍金，主动把利益和大家一起分享，而不是独吞，获得了公司众股东的一致好感。爱屋及乌，大家自然也信任长江实业的股票，甚至出现了这样的情况，李嘉诚购入其他公司股票，投资者主动跟进，成为投资界的一道风景。

俗话说，有福同享，有难同担。销售人员在工作上干出点名堂，小有成就，当然是值得庆幸之事。但是，你不能忘了客户的合作，以及团队背后的支持。并且要牢记，真正享受利益的时候必须给客户让利。这样才能在以后的日子里更有甜头。

李明很有能力，在一家公司担任销售代表。他在公司里很有人缘，上上下下关系都不错，老板也很看好他。

有一次，朋友给李明介绍了一个重要客户。接触了一段日子以后，双方交往非常顺利。不久，李明就签了一个大单。这是来公司的第一笔单子，李明好像中了大奖，感到十分荣耀，逢人便提自己的努力与成就，同事们当然也向他祝贺。

也许是高兴地过了头，李明只顾自己享受胜利的果实，忘记了给客户分享一部分红利。过了个把月，那位客户对他明显没有以前那么上心了。等李明再去努力跟对方拉关系的时候，客户似乎都在有意无意地和他过意不去，并回避着他。

李明为什么会遇到这种结局？其实原因简单明了，他犯了“独享利益”的错误。就事论事，这个单子之所以能签下来，李明的确做了很多的工作，他当然也应分享这份利益。但是他没有给客户——另一家公司的业务代表分享红利，对方自然会疏远他。

显然，一个人如果总是和别人争夺利益，最后只能是四面楚歌，无法赢得信任与支持。现实生活中，的确存在这样一种人，一旦看到有利可图，马上见缝插针，打击那些有可能与自己成为竞争对手的人。

这种人，有可能得逞于一时，在短时期内获得一些微小的利益，但是，从长远看，他们一定会得不偿失，败下阵来，有可能败得很惨。尤其在客户眼里，你算不上做大买卖的人，自然也无法发展更大的合作关系。

（1）照顾到客户的需要

在生意中抱着“与人分利则人我共兴”的态度，与客户积极合作，才有更上层楼、掌握竞争主动权的可能。利益一致，既是一种胸怀，也是一种商业策略。做事之前先给合作者一个利益的激励，客户才会干得有劲，而自己的利益也就尽在其中了。

古语说：天下熙熙，皆为利来；天下攘攘，皆为利往。千百年来，人们抱定一个宗旨：“无利不起早。”没有利润的事情是大家所不愿意涉足的。事业的发展必须建立在与人合作的基础上，要善于利益分享，分配利益的时候要善于让，才会有更大的舞台。

（2）懂得主动让利

试想一下，在一项业务合作中，如果双方都拿50%的利润，这个活动可以很好地进行下去，因为双方都感觉到自己的50%是应该拿的。但如果一方只拿40%，而愿意把利润的60%都让给对方呢？这样在短期内或许是吃亏，但从长远看呢？你的赢利是什么呢？

答案不言自明，长期合作的收益远远比一次合作的收益要高得多，有着良好的信誉，在行业中有几家关系稳定的合作伙伴，是事业立于不败之地的重要保障。对生意人来说，懂得让利，在利润分享上大方一些，才能赢得合作，让生意长长久久。

心理策略

在今天这个时代，“利益独占”已变得越来越不可能，明智的做法不妨“利益均沾”，这样才能保持久远的合作关系。相反，光顾一己利益，而无视对方的权益，只能是一锤子买卖，慢慢将关系做断做绝，最后弄得自己无路可走。

7. 迁就客户，你会有更多朋友

“水至清则无鱼，人至察则无徒。”意思就是说，河里的水如果清澈见底，鱼儿就没有容身之地了。与客户交往，少不了利益上的争执、人情上的纠结，如果过于泾渭分明，不懂得糊涂之道，很容易在内心深处埋上抱怨的种子。

与其埋怨、迁怒客户，不如多一些宽容和理解，迁就客户的个性或习惯。一旦客户觉察到你的这种包容和体贴，将会在内心深处认同你，把你当做亲密的伙伴，给你无限的商机。

有一天，客户主动来找某公司业务代表王磊，想定制U盘套。这次要求的数量不多，时间也比较紧，是个很急的单子。经过一番交涉，双方约定十天交货。

第二天下午，客户送来了样品。接着，王磊马上到模具房，请师父开模。时间太紧张了，等模具做出来，也该下班了。而明天就是星期天，要放假一天，所以中间算是耽搁了一天。

到了第四天，客户忽然到访，只为看样品，看了样品马上生产。王磊感觉非常抱歉，因为产品的颜色还没有调好，所以只能次日把样品快递给客户。看着客户远去的身影，王磊心理一阵紧张。

第五天，客户收到了样品，接着给王磊打来电话，并询问能不能三天之内把全部U盘套做出来，另再加一倍数量。王磊急忙问老板，以及生产主管，结果是做不到，最快也要五天。

无奈之下，王磊只好如实地告诉客户，这段时间排单比较紧，最快也要五天。客户答复说考虑一下。结果，后来客户找别人做了，王磊所在的公司失去了合作机会。

事后，王磊仔细想想整个事情的经过，发现自己和公司有很大责任。这个紧急的单子，一共浪费了五天，公司根本没有配合客户的急需，恐怕永远失去了这个客户。如果尽量满足客户要求，加班加点不休息，苦熬几天，完全可能出单啊。

无论与客户相处，还是满足客户的特殊需求，都应该尽力适应客户，而不是让客户迁就你。每一个销售人员都要牢记这一点。

（1）学会迁就客户首先要乐观

一个悲观的人总是很容易想到事物不好的一面，而且心情比较压抑和郁闷，所以总会对别人不满或者生气。

（2）努力提供帮助

客户找你帮忙，首先是一种信任。这时候，即使你的能力不足，也要想办法满足客户的需要，或者从公司得到背后支持。如果轻易说自己做不到，那么客户不会给你下一次合作的机会了。

（3）容人所不能容，忍人所不能忍

善于求大同存小异，团结大多数人，从不斤斤计较，不纠缠于非原则的琐事。

（4）包容客户的小错误

尤其是面对一个初见面的客户，不应当面指出客户的错误，否则不但会中断彼此间的谈话，更会引起对方的不快。因为当面被指正时容易产生一种羞愧的心理，于是就很难再重返到自己原有的状况来。

（5）拥有一颗感恩的心

感恩会使你的心情豁达，就不会为一些小事情迁怒别人，同时，也不会因为鸡毛蒜皮的事情让自己难过或者不开心。

心理策略

人非圣贤，孰能无过。要真正做到迁就客户，不是简单的事，需要有良好的修养和善解人意的思维方法，需要从对方的角度设身处地地考虑和处理问题，与人相处就要互相谅解，经常以“难得糊涂”自勉，求大同存小异，有肚量，能容人，就会多一些和谐，多一些友谊，就会有许多朋友。

8. 签约之后不要马上离开

好不容易签订了销售合约，客户与销售人员都松了一口气。这时候，销售人员往往认为已经大功告成了，于是想尽早回公司，或者向同事报喜，或者庆祝一番。

如果只是说一些应酬的话，敷衍了事，然后立刻就走，一定会再度让客户产生不安。对方心里会想：“我签完字，你马上就要走，虽然不会是欺诈，但是也太没礼貌了。”

销售人员如果想要让客户100%地满意，签订契约之后的谈话是非常重要的。不只是为了使客人满意，更重要的是将来还有机会和这位客人交易，所以一定要建立良好的关系。

例如，如果你发现产品有什么不满意的地方，请你立刻和我联络，我会很快地来为你服务。保证期限是一年，万一发生了什么故障，也请你和我联络，我一定会尽力为你服务。

这是强调万全的售后服务的话题，对签约后的客户而言，这是他们最开心的。或者说："以后如果你还需要什么这方面的产品，请你和我联络，这里一定比普通商店服务得更周到。"这是为日后铺路的最好话题。

对于成交之后如何与客户告别，是需要仔细斟酌的。既不能失了礼貌，也不能留下来碍事。这里有两点要特别注意。

（1）签字后对客户表示感谢，但要适可而止

缺乏经验的销售人员由于精神紧张，加上签单成功的喜悦，往往不知所措：谢天谢地，洽谈总算结束了，合同总算搞到手了！于是，不由自主地对客户流露出感谢之情，并且倾向于用连珠炮式的语言把压抑的情感发泄出来。在此请牢记，客户跟你达成合作意向是正常的商业交易，并不是对你的恩赐，并不是在帮你，做买卖是一种互利的交易，如果你得到订单后的反应是如释重负，买主则既会看不起你，也会对你的商品产生怀疑。所以，务必要掌控好情绪，做到不卑不亢。

（2）签单后要不卑不亢

不要采取高傲得不可一世的态度，好像是你把对方给打败了。如果是这样的话，客户一定会勃然大怒，不但订单可能被取消，你也会被扫地出门，而且将来休想再和他做成一笔生意。这种损失就大了，无法计算。

（3）根据客户意愿决定去留

拿到订单后还有一个问题，这就是你是应当立刻离去，还是应当再呆一会儿呢。这要看买主想不想让你留下，要看具体情况而定。一般来说，你还是较早地离去为好，但是，不论对方留你与否，有一点绝对没错：头一个站起来的应当是推销员。如果是买主先站起来与你握手，并把你送到门口，那就说明你呆得时间太久，不受欢迎了。

（4）给客户留下难忘的背影

销售工作是聚集到一起，达成交易的形式。既然是相聚，必然有离别的时候。这时，你给客人留下的一个背影，它的好坏，直接影响到你的推销成绩。凡是出色的销售人员，都运用了这个背影的魅力。此外，如果推销的时候被拒绝了，那么应该淡然地离开，不能立刻拉长脸，砰地把门关上，这会让你显得不够大气。

心理策略

俗话说“去时要比来时美”，会给客户留下深刻的好印象。正如一首诗无论开头多么“气势磅礴”，若结尾软弱无力，都不会是首好诗。但如果开头平淡无奇，而结尾句余韵无穷、意境深远，却堪称是首好诗。对销售人员来说，不一定一次就访问成功，你可能要跑好几趟，那么请记住：第一次的辞别是决定下次访问是否受到欢迎的关键。

第四章

心理倾听术

——会做不如会说，会说不如会听

沟通从心开始，第一步就是学会倾听，在销售中，80%的成交要靠耳朵完成。“听”客户讲话，不能仅仅听文字上的话，还要善于“听音”。以积极的态度真正“听懂”客户，了解客户“话里”和“话外”所隐含的信息，识破他们的内心机密，同时让客户感到你的重视与关怀，就可以为解决问题、达成合作奠定良好的基础。

1.80%的成交靠耳朵完成

人们感知这个世界，主要靠眼睛看到的信息，其次才是听到的情报。但是，在销售中，80%的成交要靠耳朵完成。双方通过对话来进行沟通，透过听觉获取信息并作出判断。因此，学会倾听，掌握倾听的心理学，是销售人员的必修课。

弗兰克是一名人寿保险推销员。有一次，他参加一个横跨美国的巡回演讲活动，每周有5个晚上对着几百名听众发表演说。这次经历，让他在圈内有了更大影响力。

演讲结束后，弗兰克返回家里，立即投入到人寿保险推销工作，同时也没忘了向人们讲述自己的演讲经历。

第二天，弗兰克去见费城牛奶公司的总裁。他以前跟弗兰克做过一小笔生意，这次很愿意见到这位在美国巡回演讲的年轻人。

果然，两个人刚见面，这位总裁就递一支烟过来，表现出浓厚的兴趣："弗兰克，说说你的巡回演讲吧！"

弗兰克很清楚自己此行的目的，于是把话题转移到客户的生意上去："完全可以，不过我更想知道你的近况。你现在忙什么呢？生意红火吧？家庭都好吧？"

接着，这位牛奶公司总裁便给弗兰克谈起了最近的生意和家庭。后来说到前一天晚上与妻子和朋友们玩"红狗"的事。这是纸牌的一种新玩法，弗兰克以前没听说过，他本来想谈谈自己巡回演讲的事，但是看到客户很起劲地谈论"红狗"，于是把注意力放到这上面来。

就这样，这位总裁滔滔不绝地讲故事，弗兰克在旁边耐心地听着，不时哈哈大笑。两个人显然是在聊天，不像谈生意。面谈结束后，这位总裁把弗拉克送到门口，说："弗兰克，我们公司打算为工厂管理人员投险，你说28000美元够不够？”

这太出乎意料了。整个会谈中，弗兰克根本没说几句话，完全在听客户说，没想到最后却得到了一份订单。

“听”的过程，其实是在践行兵家的“知己知彼”策略。销售人员扮演好一名听众，会从客户那里得到丰厚的回报。尤其是当你用心倾听的时候，客户不但会被你的热忱打动，你也会从中真正获取有价值的情报，轻轻松松搞定销售。

具体来说，在倾听的过程中，应该把握哪些要点呢？

（1）倾听客户需求

真正用心倾听客户的声音，不仅要注意到明确规定的客户要求，还要分析、判断客户潜在的需要和期望，因为后者不会直截了当地提出来。在倾听中对客户数据进行分析，以确定客户的期望，这样你的产品与服务就能够有针对性地满足他们的需要。

（2）改进产品与服务

通过与客户进一步地沟通，销售人员可以明确客户对产品和服务的意见，进而在质量政策、目标、流程等方面进行调整，更好地适应客户的需要。

（3）掌握客户的满意度

在倾听中，销售人员接受到的各种信息，可以综合起来进行归纳、分析，形成科学的客户数据。通过对数据进行研究，能够判断客户的满意度是高是低。这对公司长期和短期的利润有着巨大的潜在影响。

心理策略

早在2000多年前，古罗马政治家西赛罗就说过：“雄辩之中有艺术，沉默中也有。”但是，许多人忘记了“听”的艺术，结果这个世界上好的听众少之又少。销售人员首先应该扮演好听众，而后才是演说家。并且，在倾听的时候直视对方，表现出浓厚的兴趣，你将会收获神奇的效果。

2. 学会倾听客户的谈话

倾听之所以备受重视，不仅是因为它有助于销售人员对客户的了解，以及对说话内容的把握。倾听别人说话表示敞开自己的心扉，坦诚地接受对方，宽容对方，因而导致彼此心灵融通。

反之，把客户的话当做耳旁风，不但无法掌握充分的商业情报，反而会因为你的不敬，引起客户的反感，那就得不偿失了。

乔·吉拉德是世界上最伟大的推销员，不过他的成功也来源于多次的教训。有一次，一个客户到乔·吉拉德的车行买车，双方谈了好长时间，就剩下签合同了。

往办公室走的时候，客户对乔·吉拉德说："我的儿子就要考进一所有名的大学了。乔，我儿子要当医生。""那太棒了"，乔·吉拉德附和着，心里却想着怎么卖出下一辆轿车。

接着，客户又说："乔，我孩子很聪明吧？在他还是婴儿时我就发现他相当聪明"。

"成绩非常不错吧？"乔关切地询问，脑子里仍然想着自己的事情。

"我儿子在他们班里是最棒的，因为他太聪明了。"客户自豪地说。

"那他高中毕业后打算做什么？"乔随口问道。

"我告诉过你的，乔，他在最好的大学学医。"客户有些不高兴了，因为他意识到乔没有专心听他说话。

"那太好了。"乔仍旧附和着说。但是，看到客户怪异地盯着自己，他立刻意识到出了什么问题。

"嗯，乔，我该走了。"客户简单说了一句，就转身告别了。

只有乔·吉拉德呆呆地站在那里，没明白是怎么回事。下班后，乔·吉拉德回到家，回想一整天的工作，分析他所做成的交易和他失去的交易，回忆与自己谈论儿子的那个客户。

后来，乔·吉拉德终于懂了，客户认真地讲家人的故事时，他走神了，这让客户感觉非常不爽。所以，订单就这样溜掉了。

这是一个极好的教训，从此以后，每当客户走进店内，乔·吉拉德都要问问他们，职业是什么，家里人怎么样，等等。然后，再认真地聆听他们讲的每一句话。大家都喜欢这样，因为那给他们带去一种受重视的感觉，而且他们可以感受到你的关心。

销售工作中，如果能够学会倾听客户谈话，必然在对方心目留下好印象，从而增加赢单的机会。那么，怎样才能正确地倾听客户谈话呢？

（1）让客户把话说完，不要打断对方

有时，谈话并不是一下子就能抓住实质的，应该让客户有时间不慌不忙地把话说完，即使客户为了理清思路，作暂短的停顿，也不要打断他的话，影响他的思路。

（2）努力去体察客户的感觉

一个人感觉到的往往比他的思想更能引导他的行为，愈不注意人感觉的真实面，就愈不会彼此沟通。体察感觉，意思是指将客户的话背后的情意复述出来，表示接受及了解他的感觉，有时会产生很好的效果。

（3）全神贯注地聆听，不做无关的动作

客户谈话时，如果你东张西望，或低头只顾做自己的事情，或面露不耐烦的表情，这些都是不礼貌的，都会使客户对你产生反感。

（4）要注意反馈

聆听客户的谈话要注意信息反馈，及时验证自己是否已经了解客户的意思。你可以简要地复述一下客户的谈话内容，并请他纠正。这样将有助于你对客户谈话内容的准确理解。

（5）不必介意客户谈话时的语言和动作特点

有些人谈话时常常带口头语或作一些习惯动作。对此你不必介意，更不要分散自己的注意力，应将注意力放在客户谈话的内容上。

（6）要注意语言以外的表达手段

一个人的表达内容，并不一定都在他的话语中。因此在聆听客户谈话时，还要注意客户的声调、情调、态度以及手势、动作等，以便充分了解客户的本意。

（7）要使思考的速度与谈话相适应

思考的速度通常要比讲话的速度快若干倍，因此在聆听客户谈话时，大脑要抓紧工作，勤于思考分析。如果客户在谈话时你心不在焉，不动脑筋，客户谈话的内容又记不住，不得不让客户重复谈话内容，这样就很耽误时间，影响客户的满意度。

（8）避免出现沉默的情况

在谈话中，听者要有响应地听，不要出现沉默现象，可以采用提问、赞同、简短评论、表示同意等方法。比如，“你的看法呢?”、“再详细谈谈好吗?”、“我很理解”、“想像得出”、“好像你不满意他的做法”等。

心理策略

认真倾听，是增进你与客户信任的催化剂，能够得到比别人更多的赢单机会。学会倾听客户谈话的销售人员，会真正走进客户的心里，因此在双方之间能够建立信任与默契。

3. 听懂“价格太贵”的潜台词

“价格太贵了”，这是销售人员面对客户拒绝时听到最多的一句话。真是这样吗？其实，客户说“贵”的背后有许多潜在的内涵，销售人员要读懂它们，别作出误判。

那么，客户说价格贵的背后，其潜台词究竟有哪些情况呢？综合起来，可以分为下面几种：

(1)“潜台词”之一：价格比别人高，难以作决定

有时候，客户确实嫌你的价格高，所以才难做决定。这时候，客户往往进入了购买的“评估选择”阶段，卖方需要做的，是摸清和影响客户的评估准则，弱化价格，把竞争对手比下去，最后赢得订单。

有一位客户想租用企业邮箱，既能提升职业形象，也可以减少垃圾邮件和故障。他有几个选择，年费从500至900元不等。他想要便宜的，最终却选了一个最贵的。这是怎么回事呢？

客户：“你的价格太贵了！我还有更好的选择。”

网络运营商：“您现在每天收到的垃圾邮件有多少？是如何处理的呢？”

客户：“少说也有50封，很难清空。主要是一些有用的邮件甚至客户的邮件也夹杂在里面，所以必须一个一个地看。有一次因为没及时看到客户的问讯邮件，误了大事！”

网络运营商：“那真的很不幸。除了垃圾邮件，您现在邮箱服务器的稳定性如何？”

客户：“经常停机检修，而且不定期。每次停机，邮件是收不到的。已经有客户对我抱怨了，就是因为邮件沟通的问题！”

网络运营商：“所以一个运行稳定、能有效隔离垃圾邮件的电子邮箱对您很重要？”

客户：“我想是这样。毕竟机会成本更重要，对了，你说过你们在这些方面有技术优势，怎么做的？”

通过上面的对话可以发现，客户对邮箱运营商评估标准的微妙变化：按重要性高低排列，对话前是“价格—防垃圾邮件—稳定性”，对话后则为“稳定性—防垃圾邮件—价格”。这种改变不是无缘无故发生的，而是网络运营商有效影响了客户的购买决策准则，从而最后达成了合作。

（2）“潜台词”之二：我对你不了解，风险很大，再考虑考虑

美国一家大型商用机器公司因为价格因素而丢单的情况时有发生，他们专门做了调查后发现，其中的64%不是因为价格。对此，客户是这样回答的：

“他们的宣传很好，可以具体一看，并不实用，甚至有的设计无用。”

“没错，他们的机器还挺好，可是换供应商总是很麻烦的事！”

“他们的机器质量的确不错，但听说在售后服务上很差劲。”

“新来的副总裁原来在他们的一个竞争对手公司工作，我可不想得罪他！”

显然，客户对你的产品或服务有顾虑，所以他们才以“价格贵”为借口，选择了拒绝。其实，对方心中真正想的是“我担心如果决定有错，会很被动！”这些解释不清的顾虑，可以称之为“负面后果”。

显然，忽视或回避买家的顾虑信号，要比当面去探究这些潜在的风险更危险。请销售人员牢记这样一个准则，积极主动地消除客户的顾虑。

（3）“潜台词”之三：你说的这些不是我真正关心的

有位客户想卖掉自己的大众车，换一辆更好的。车商给他推荐了一辆最新款的车，并且把车的性能说得绘声绘色。但是，客户最后拒绝了，理由很简单，“太贵了”。然而不久之后，客户却从另一个车商那里买了一辆更贵的车。

这是怎么回事呢？原来，第一次车商推荐新车的时候，描述新车多么时尚气派，但是这不是客户看重的地方，所以他没买，以价格太贵拒绝了。

第二个车商推荐新车的时候，没有描绘新车的具体性能，而是问客户是不是经常有故障，维修要占用多少时间，一年保养花费多少。这话一下子说到了客户的心里，所以他就买了他的车。

显然，当客户说“贵”的时候，那只是一个借口，真正的问题在于销售人员没有把握好“需求认知”这一销售的关键环节，乃至完全忽视了客户的真实想法是什么，所以才一味地在那里自说自话。

因此，销售人员必须学会如何从解决客户问题的角度来考虑你的产品陈述，而不只是做一个机械的产品代言人。换句话说，销售人员首先要考虑你的产品能够解决客户哪些问题，不管这些问题是否真实存在，这样在需求认知阶段才能找准位置，成功拿下客户。

心理策略

做销售不易，原因之一是有很多误区。如果因为技巧和策略的缺失而迷失其中，销售很可能无功而返。销售人员要读懂客户嫌弃价格贵的真正原因，不要让客户的借口成为自己不能实现业务增长的一块挡箭牌。

4. 透过言谈识透客户心机

在生活中，销售人员常常要面对各种各样的客户。有的客户能为你带来好运或快乐，有的客户却让你感到头痛和麻烦。其实，客户说的每一句话都是有目的的，或者是他们意愿的表达，或者是他们谈判的策略，或者是故左右而言他，善于透过客户的言谈识破他们的内心机密，才最重要。

（1）对他人评头品足的人——嫉妒心比较重

在交谈中，经常对他人评头品足的人，通常嫉妒心重，心胸比较狭窄，人缘不好，内心孤独。跟这样的客户打交道，要善于以一颗宽厚的心包容他们，尤其不能与他们斤斤计较，否则会把局面搞砸。

（2）说话暧昧的人——喜欢迎合他人

这种客户说话不明朗，既可作出这样的解释，又可作出那样的解释，给人含糊其辞的感觉。显然，他们奉行处世圆滑的哲学，对外界的警惕心很高，懂得如何保护自己和如何利用别人，从不肯吃亏。面对这样的客户，销售人员要多点心眼，不可急于求成，必须掌握机变的处世之道。有时候，也可以以静制动，让客户露出破绽，从而找对进攻的机会。

（3）话家常的人——想和你套近乎

交谈时，对方先是与你谈一些家常话，这表示他想了解你的实力，侦察你的本意，试探你的态度，然后准备转入正题。这种人是很有心机的谈话对手，销售人员可以利用他们套近乎的心理，建立对话机制，找到对方真正的用意是什么，然后在良好的沟通中建立利益细节，实现赢单的目的。

（4）避开某个话题的人——内心潜藏着其他目的

谈论到某个话题的时候，客户突然冒出另一个话题，这种突然的变化让人感觉差异。客户变幻话题，可能他对原来的话题心存芥蒂，不愿意跟你谈论；或者客户在谈论中说错了话，怕接下来不好收场；或者客户在逃避什么东西，等等。客户转换话题以后，你可以试着谈谈对方的口风，如果他拒绝再谈，或者有生气的意思，那么销售人员就要适可而止。但是，事后你要仔细分析中间可能是什么状况，争取从中发现有价值的信息。

（5）论断别人的人——比较有有心机

客户经常对某个人做出评价，或者对某件事发表自己的看法。而且，他们的论断往往很有道理，甚至让你眼前一亮。这说明，客户是一个有见地的人，能够对人和事保持自己的看法。需要注意的是，销售人员不能过于听信客户的这种论断，而要善于分析其中的玄机，不能因此影响销售工作的开展。

（6）恶意责备别人的人——有强烈的支配欲

他们常爱抓住别人的毛病小题大作，横加指责，这种人对他人尖酸刻薄，自尊心较强，具有支配他人的愿望。这种客户有个性，比较顽固，不容易改变自己的观点。因此，在销售中切不可强硬地向他们推销自己的产品和服务。最佳的策略是以柔克刚，通过间接、柔性的手段进入客户的内心，避免碰钉子。

（7）见风使舵的人——非常容易变脸

在销售中，有的客户没有主见，总是变来变去。有时候，别人开出了有诱惑力的条件，他们马上会改变原来的计划，重新订标准。及时你跟他是老关系了，他也会毫不留情地撕毁约定，只为了那一点蝇头小利。面对这种客户，你要善于用利益诱惑他，达到自己的目的。

（8）爱发牢骚的人——心眼小，不能装下更多的事

爱发牢骚是一种不能言传的骄傲和自大。发牢骚的人大多自视清高，当现实中无法保持他们这种优越地位时，就借发牢骚来宣泄。客户陷于别动局面时，总是唠叨不停，表明自己多么无辜，好像吃了很大亏。其实，你大可不必把他们的话放在心上，只需要按照原计划行动即可。有时候，你也可以安慰他们一下，来拉近彼此的距离。

（9）诉诸传统的人——思想保守

这种客户不管什么新事物一出现，都好用传统的东西作为评价标准。这类人大多数是经验主义者，其思想保守、僵化，也表明了其顽固不化的心理。与这种客户打交道，一定要按照既定的套路行事，别作出新的举动。另外，你有新想法时，一定要事先跟他沟通好，否则他会跟你对着干。

心理策略

客户在谈话中，会呈现出五花八门的样式。不同的谈话内容、语气，会泄露出客户不同的个性、偏好，以及心理特色。销售人员只要掌握好各种言谈代表的含义，就能采取相应的对策，达成合作。

5. “说话”泄露客户的信息

一个人所讲的话，都是在表述自己对各种事物、情况、问题的看法，而在讲这些话时所表现出来的语言特征，就能很好地反映出一个人的性格特征。

与客户接触，必须察言观色。所谓“察言”，就是仔细甄别客户所说的每一句话有怎样的含义，反映了他当时怎样的心境，以及是否在给你额外的提示信息。在生意场合，销售人员必须打起十二分的精神，从客户的每一句话中找到有价值的情报。

（1）在正式场合中发言，客户一开始就清喉咙，表明他有点紧张

面对这种情形，销售人员可以说几句套话，让对方放松精神，从而开始良性的沟通。

（2）说话时不断清喉咙，改变声调的人，可能还有某种焦虑

这说明客户心里有事，他在担心某种状况出现，或者你没有配合他。这时候，销售人员要研究客户想表达什么，然后给予必要的协助。

（3）有的人清嗓子，是因为他对问题仍迟疑不决，需要继续考虑

这时候，销售人员要停下询问，留出时间让客户思考一下，过一会再听对方什么意见。

（4）故意清喉咙则是对别人的警告，表达一种不满的情绪

在这种情况下，销售人员要检讨自己的话是否过激，哪里说的不对。总之，销售人员要照顾到对方的感受，注意整个环境的变化。

（5）口哨声有时是一种潇洒或处之泰然的表示

这说明客户成竹在胸，表现出了十足的信心。对此，销售人员要想好对策，避免陷入对方的圈套里。

（6）内心不诚实的人，说话声音支支吾吾，这是心虚的表现

要知道，客户可能有什么事情在隐瞒，不愿意透露给你。因此，你必须提高警惕，善于从细节上发现蛛丝马迹，早点找到问题的症结。

（7）内心卑鄙乖张的客户，心怀鬼胎，因此声音会阴阳怪气，非常刺耳

这时候，销售人员不必纠结于他们这种难处的个性，而应找到与之共处的对策，避免让自己陷入被动。

（8）心内清顺畅达的客户，言谈清亮平和

这种人非常容易相处，而且他们待人真诚、宽厚。与这样的客户打交道，销售人员会轻松许多，也比较容易干出业绩。

（9）有叛逆企图的人说话时常有几分愧色

尤其是客户准备反悔合作协议的时候，常常讲话不自然，故意找借口表明自己处境不佳，这是在为最后的不合作做准备。销售人员要听出这种弦外之音，提早想好应对策略。

（10）内心渐趋兴盛之时，表现在言辞上就会有过激之声

有句话说的好，财大气粗。一个人实力强大，或者占据有利位置，那么在对话中就会气势逼人，连声调也非同一般。销售人员不可与他们相争，而要避开他们的锋芒，瞄准机会再下手。

（11）诬蔑他人的人闪烁其词，丧失操守的人言谈吞吞吐吐

有时候，客户出于需要会给他人泼脏水，以达到自己不可告人的目的。这时候，销售人员要注意对方的表情和声调，切不可上当受骗。

（12）浮躁的人喋喋不休

有的客户说话没玩没了，特别招人烦。这表明他们个性浮躁，无法拥有一颗沉静的心。在这种情况下，他们很容易暴露自己的弱点，销售人员只要冷静理智，瞄准时机，就能占据制高点，掌握主动权。

心理策略

俗话说，“说者无心，听者有意。”因此，要想在销售中取得成功，就一定要学会察言，通过话语来识人。“说话”不仅仅是信息的交流，还会呈现出各种信息，尤其是折射出客户的心理特点和心理变化。如果能掌握其中的玄机，那么做好销售工作就易如反掌了。

6. 声音诠释客户内心的一种表情

人的声音，跟天地之间的阴阳五行之气一样，也有清浊之分，清者轻而上扬，浊者重而下坠。声音起始于丹田，在喉头发出声响，至舌头那里发生转化，在牙齿那里发生清浊之变，最后经由嘴唇发出去，这一切都与宫、商、角、征、羽五音密切配合。

与客户接触，不能仅仅听文字上的话，还要善于“听音”。听人的声音，辨识其独具一格之处，做到闻其声而知其人，进而了解客户内心的真实想法，那么与之沟通就有的放矢了。听话听音的学问，可以从历史上的“杯酒释兵权”这个故事中获得启示。

当年，宋太祖即位以后，手握重兵的两个节度起兵反对朝廷，后来经过艰苦的斗争才平定下来。这件事给宋太祖很大警示，他找到宰相赵普商量对策。赵普说：“藩镇权力太大，就会使国家混乱。如果把兵权集中到朝廷，天下就会太平无事了。”于是，宋太祖决定削弱地方诸侯的兵权。

几天以后，宋太祖在宫里举行宴会，邀请了石守信、王审琦等元老。喝过酒，大家开始无话不谈。宋太祖说：“没有大家的帮助，我不会有今天的一切。但是，你们不知道，做皇帝也有许多苦衷啊，有时候还不如你们自在。说实话，我好久没有睡过安稳觉了。”

几位将军知道宋太祖话里有话，就询问其中的缘由。宋太祖接着说："人们都说高处不胜寒，我站在很高的位置上已经感觉到寒意了。"至此，石守信等人才知道宋太祖是担心有人篡位，不禁大惊失色。接着，他们急忙跪倒在地，表达忠心。

宋太祖摇摇头说："你们和我南征北战，我自然信得过。但是如果你们的部下为了攫取高位，把黄袍披在你们身上，会出现什么情况呢?"石守信等人听到这里意识到大祸临头，连忙害怕地求饶："我们愚蠢，没有过多考虑，请陛下给指条明路吧。"接着，宋太祖让他们做地方官，添置足够的房产安度晚年，最终消除了大家的兵权。

石守信等人从宋太祖的谈话里，听出了他对皇权的担忧，以及杀机四起的危险，于是他和几个将军主动让出了兵权，保全了性命。这就是听出弦外之音的智慧。同理，与客户交往，销售人员不能只注重表面的言辞，而要听懂客户的画外音，才可以准确拿捏客户的心理。

辨识声音、语音的方法有很多，最主要的是从人情的喜怒哀乐中去细加鉴别。比如，欣喜之声，宛如翠竹折断，其情致清脆而悦耳；愤怒之声，宛如平地一声雷，其情致豪壮而强烈；悲哀之声，宛如击破薄冰，其情致破碎而凄切；欢乐之声，宛如雪花于疾风刮来之前在空中飞舞，其情致宁静轻婉。

此外，如果是刚健激越的阳刚之声，那么，像钟声一样洪亮沉雄，就高贵；像锣声一样轻薄浮泛，就卑贱；如果是温润文秀的阴柔之声，那么，像鸡鸣一样清朗悠扬，就高贵；像蛙鸣一样喧嚣空洞，就卑贱。

从本质上说，声音会随内心变化而变化，并时刻反映出人们的心境。因此，语音的高低、强弱、快慢、粗细等特征，也可以作为表现客户内心的一种表情。

(1) 内心平静，声音也就心平气和

客户说话不紧不慢，代表他内心平和，成竹在胸。与他们打交道，一定要循序渐进，不可冒进。

（2）内心清顺畅达时，就会有清亮和畅的声音

客户心里没有烦心事的时候，声音也会清丽动人。这时候与他们谈生意，容易事半功倍。

（3）速度快的人，大都能言善辩

这种人思维缜密，头脑反应快，因此在口头表达上非常流利，声音气势如虹。这说明他们内心把所有问题都考虑清了，没有任何疑虑。

（4）速度慢的人，则较为木讷

说话不紧不慢的客户，内心比较淡泊，不会为了私利失去底线。与这样的人合作，往往没有负担和忧虑，因为对方往往能真诚待人，少了斤斤计较的盘算。

心理策略

音，是声的余波或余韵。音跟声相区别并不远，它们之间的差异认细微的地方还是可以听出来的。贫穷卑贱的人说话只有声而无音，显得粗野不文，圆滑尖巧的人说话则只有音而无声，显得虚饰做作。人外在的声音随着内心世界变化而变化，所以说“心气之征，则声变是也”。

7. 透过语态看出客户的性格

在交谈的时候，因为面对的听者不同，语境不同或者目的不同，语态也就会有所不同。因此，从客户说话的语态上，也就能看出他的性格。

“语态”，反映的是当事人说话时的语言风格、节奏感等。这些说话的习惯透露出客户的心理特点，因而可以帮助销售人员把握客户的个性。具体来说，透过语态识别客户特性，可以从以下方面入手。

（1）善于使用恭敬用语的客户

大多比较圆滑和世故，他们对他人有很好的洞察力，往往能够体会到他人的心情，然后投其所好。对此，销售人员要提防被这类客户灌迷魂汤，从而丧失正确的判断。

（2）在说话中善于使用礼貌用语的客户

大多有一定的学识和文化修养，能够给予他人足够的尊重和体谅，心胸比较开阔，有一定的包容力。与这类客户打交道，你会感觉到无比轻松，并且能够从他们身上学到与人相处的智慧和技巧。

（3）说话非常简洁的客户

这类客户性格豪爽、开朗、大方，行事相当干脆和果断，凡事说到做到，拿得起放得下，从来不犹犹豫豫，拖泥带水，非常有魄力，开拓精神可嘉，有敢为天下先的胆量。销售人员可以非常清楚地掌握他们的需求是什么，并从中学会做事的本领。

（4）说话拖拖拉拉，废话连篇的客户

大多比较软弱，责任心不强，遇事易推脱逃避，胆子比较小，心胸也不够开阔，婆婆妈妈，整天在一些鸡毛蒜皮的小事上面纠缠不清。面对这类客户，销售人员最忌讳的是和他们陷入无休止的辩论中。把话说到点子上，是与他们沟通时必须牢记的一点。

（5）说话习惯用方言的客户

他们感情丰富而又特别重感情。这一类型的人，自信心比较强，有一定的胆量和魄力，很容易获得成功。跟他们打交道，可以使用感情这个筹码，播撒你的人情种子，终有一天会获得丰收。

（6）善于劝慰他人的客户

这类客户才思敏捷，对人情世故有深刻而又正确的理解和认识。由于感情丰富，他们易于和他人产生共鸣，因此在交往中可以发展成知心朋友。

（7）在谈话中好为人师的客户

一般说来自我意识强烈，常常自以为是，目中无人，表现欲望强烈，希望自己能够引起他人的注意，喜欢卖弄。走进这类人的内心，最根本的一点是满足他们好为人师的心理，注意迎合他们。并且，你要善于在倾听中明白他们的需求。

（10）肆意污蔑他人的客户

这类客户心胸狭窄，无法容忍别人比自己过得好，嫉妒心强，爱搬弄是非。在接触的过程中，你一定要善于掩盖自己的才干，展露自己普通的一面，从而避免引起对方的猜忌。

（11）说话尖酸刻薄的客户

多不太尊重他人，也时常缺乏必要的礼貌，他们对人多特别挑剔，似乎永远也没有满意的时候，时常会遭到周围人的厌恶，人际关系并不是很好，而他们自己却意识不到这一点。

心理策略

“态度决定一切”，语态决定着一个人的性格，也决定了客户以怎样的心态去面对销售人员，进而赢得大单。

8．口头语展示客户的心性

倾听客户谈话的时候，销售人员要注意甄别对方的口头语。因为它在很大程度上反映了客户内心的真实性情。

“口头语”，其实又叫“口头禅”，原指那些没得道的和尚，常把一些玄而又玄的禅语挂在嘴边，装做好像得道了的样子。演变至今，成了个人习惯用语的代名词，仿佛未经大脑就已脱口而出。

正因为逃过了意识警察，我们才能看到口头语后面深藏的潜意识，所以有人称它为“心灵的莫尔斯电码”。口头语的形成和性格有关，也和所处环境以及接触人群有关。对销售人人员来说，它们是打开客户心门的一把钥匙。

语言是社会的产物，特定时期社会的流行语，能折射出特定时期的社会现状和一个群体的社会心态。比如，“随便”这个词代表着不确定性，喜欢用这个词的人可能心态比较弱，没有主见和目标，往大了说，也能反映出一种焦虑感。喜欢说“随便”的人，往往是爱随大流、不能为自己做主的人，还隐藏着“错了别怪我，和我没关系”这样推卸责任的潜台词。

那么，客户常见的口头语有哪些呢？它们分别代表了当事人怎样的心境呢？下面我们就进行归纳和总结。

（1）经常使用“我个人的想法是……”，“是不是……”，“能不能……”之类词汇的人

较和蔼亲切，能做到客观理智，冷静地思考，认真地分析，然后做出正确的判断和决定。面对谦逊的客户，你也要表现出这种淡定，让对方感受到你的可亲可敬。

（2）经常使用流行词汇的人

热衷于随大流，喜欢浮夸，缺少个人主见和独立性。在销售中，你可以使用一些流行、前沿的概念，让他们感受到你见多识广、专业性的一面。

（3）经常使用“确实如此”的人

大多浅薄无知，自己却浑然不觉，还常常自以为是。这时候，你要表现出自己专业、博学的一面，展开销售攻势，在滔滔不绝地说服中拿下订单。

（4）经常使用“绝对”这个词语的人

武断的性格显而易见，他们不是太缺乏自知之明，就是自知之明太强烈了。面对这类客户，你要让他们说出自己的条件、要求，而后再表明自己的立场。

（5）经常使用外来语言和外语的人

虚荣心强，爱卖弄和夸耀自己。对于这类客户，你可以用富有诱惑力的价格以及其他优惠条件，来吸引他们合作。

（6）经常使用“我早就知道了”的人

有表现自己的强烈欲望，只能自己是主角，自己发挥。那么，你就甘当配角吧，只要能够实现合作，屈就一下自己又何妨。

（7）经常使用“这个……”，“那个……”，“啊……”的人

说话办事都比较小心谨慎，一般情况下不会招惹是非，是个好好先生。在沟通中，跟这类客户交谈一定要使用模糊的词语，并且不要逼他们表态。

（8）经常连续使用“果然”的人

多自以为是，强调个人主张，以自我为中心的倾向比较强烈。与这类客户接触，要照顾到他们的感受，给他们应有的主动权和尊重。

（9）经常使用“其实”的人

自我表现欲望强烈，希望能引起别人的注意。你可以对这类客户多几句赞美，让他们感受到你的热情。

（10）经常使用“最后怎么样怎么样”之类词汇的人

大多是潜在欲望未能得到满足。你可以进一步问问客户还有什么希望与要求，如果这次没有实现，那么可以在下次合作中完成。这样能把客户拴牢。

（11）经常使用“我……”之类词汇的人

寻找各种机会强调自己，以引起他人的注意。在沟通中，要给他们机会发表个人意见，并仔细倾听，让他们有被重视的感觉。

（12）经常使用“真的”之类强调词汇的人

多缺乏自信，惟恐自己所言之事的可信度不高。对此，你要用眼神看着对方，听他们讲话，并且要不时地点头，表达出你信任的姿态。

（13）经常使用“你应该……”，“你不能……”，“你必须……”等命令式词语的人

多专制、固执、骄横，但对自己却充满了自信，有强烈的领导欲望。你不妨让他们先发表高见，从而在倾听中掌握他们的诉求、底线。然后再采取进攻，达成合作。

（14）经常使用地方方言，并且还底气十足、理直气壮的人

自信心很强，有属于自己的独特个性。对这类客户不能采取直接的进攻方式，绕个圈子说话办事，他们可能更受用。

（15）经常使用“我要……”，“我想……”，“我不知道……”的人

思想比较单纯，爱意气用事，情绪不是特别稳定，有点让人捉摸不定。对此，你要学会引导、感染对方的情绪，营造有利于达成合作的氛围。

心理策略

口头语是由于长期、高频使用而形成的，具有鲜明的个人特色，是一个人内在性格的口头体现。所以，在销售过程中多从口头语考察和了解客户，有助于销售人员准确把握客户的心性，做到知己知彼。

9. 掌握耐心倾听的三部曲

沟通从心开始，第一步就是学会倾听。以积极的态度真正“听懂”客户，了解客户在“话里”和“话外”表达的问题与期望，同时让客户感到你的重视与关怀，就可以为解决问题、达成合作奠定良好的基础。

许多销售人员在工作中都体会到了倾听的重要性，那么学会耐心倾听有哪些步骤可循呢？具体来说，包括下面三点：

（1）抱着热情与负责的态度来倾听

著名心理学家 JohnP. Dickinson 说：“好的倾听者，用耳听内容，更用心‘听’情感。”没错，正确的倾听态度是达到优秀倾听效果的前提。

以电话销售为例，当电话响起的那一刻，销售人员要对电话那端相隔遥远的客户露出甜甜的微笑。然后，听到里面的声音，不论对方是男高音或女低音，年轻或老人，吐字清晰与否，带着口音与否，都积极地去倾听，而不是皱起眉头。

（2）倾听时要避免不必要的干扰

每个销售人员都有过这样的经历：一次答非所问的沟通，让客户失去耐性，让回答者深感懊悔，所以请全神贯注地去倾听每一句话。在倾听中学会如何“聚精会神”，要注意不受下列因素的干扰：

第一，环境干扰和打断，比如说周边的谈话声、周围人的走动以至窗外的风声雨声等，都会对你产生影响；

第二，思维遨游，在倾听客户时，也许我们日常生活中还在处理的事会涌上我们的思绪：和男朋友斗嘴后下一步如何处理？下班后请刚来访的亲戚到哪家餐馆就餐等，稍不留神就会转移注意力，结果忽略了客户很重要的话；

第三，“第三只耳朵”现象，也就是不让周边与我们为目前这个客户服务无关的声音带走自己的任何注意力；

第四，情感过滤，客户说话不够婉转、带有特别口音、有些结巴，你的情感定位会使你对客户的倾听带上过滤筛，选择性地摄取信息，对此你要避免“以音取人”。

（3）做一个主动的倾听者

一位销售人员接到了客户的投诉，原来公司再核算产品价格时出现了小小的误差。尽管前面已经有两位销售代表为他提供了解决方法和建议，但他仍拨打了第三个电话。这位销售人员没有重复提出具体的解决方案，而是让这位客户痛快淋漓地将他的不满发泄出来。

在整个过程中，销售人员只是耐心地听着，不时地回答“是的”、“感谢您对我们公司业务的支持”等。最后，客户变得友善起来，终于开始询问建议。结果，对方平和地接受了建议，还赞美这位销售人员服务态度好，并期待下一次良好的合作。

假如仅仅用语言告诉别人“你尊重他”，对方恐怕难以相信。然而，行动胜过言语，主动倾听对方的讲话，事实上就是用一种无声的语言表达了你对他人的尊重。做一个好的聆听者，我们不仅会赢得客户的赞美，更重要的是——赢得客户的心。

心理策略

研究表明，通常人真正完整倾听到的谈话内容只有1/4左右，而在其它3/4的时间里，我们会忽视、遗忘、误解、歪曲传入我们耳朵中的话语。在销售过程中，许多人无法留下良好印象都是从不会或不愿倾听开始的。因此，在日常工作中练好“耐心倾听”这个基本功吧。请牢记，不论客户来自何方，你都要用心倾听。

第五章

心理读人术

——身体小动作“出卖”客户内心大机密

研究表明，与人的言语相比，肢体语言通常是下意识的、不易自察的，但能够更加真实地反映人的内心世界。对于销售人员而言，只要用心体会就会发现，客户一些不经意的身体动作所透露出来的信息往往会让你的“进攻”更加顺利。

1. 透过头部掌握客户心理

虽然人的情绪和表现都极其复杂，但还是有规律可循的。现实生活中，一些不经意的身体动作能够透露出很多信息，尤其是头部动作的表达更为直接，因为头部动作是人类进化最早的动作，其次才到躯干，最后才是脚。

销售过程中可以通过观察客户的头部动作来了解其内心。常见的头部动作以及所表达的含义如下：

（1）将头部垂下成低头的姿态

它的基本信息是“我在你面前压低我自己”。

（2）突然把头低下以隐藏脸部

也可用来表示谦卑与害羞。

（3）压低下巴

意味着否定、审慎或者具有攻击性的态度。通常情况下，人们在低着头的时候往往会形成批判性的意见。

（4）抬头

是当人们对谈话内容持中立态度时，往往会做出的动作，也是对方有意投入的行为。

（5）头部高高昂起，同时下巴向外突出

通常显示出强势、无畏或者傲慢的态度。

（6）头部猛然上扬然后回复

通常的姿态，它表示“我很惊讶会见到你”。

（7）摇头

通常表达的是否定的态度。

（8）摇晃头部时

说话者正在说谎而且试图压抑住要表示否定的摇头动作。

（9）晃动头部

常被用来表示惊奇或震惊。

（10）点头

在大多数时候都是用来表示肯定或者赞成的态度。在交谈的时候，通过点头的频率还能够推测出聆听者的耐心程度。

（11）缓慢的点头

表示聆听者对谈话内容很感兴趣。

（12）快速的点头

是在告诉说话人，他已经听得不耐烦了，或者是催促说话人马上结束自己的发言，以便给他一个表达观点的机会。

（13）头部僵直

表示他是如此的有分量且毫不惧怕，或者是心里觉得无聊的表现。

（14）颈部使头部从感兴趣之点往侧面方向移开

是一项保护性的动作。

（15）头部从兴趣之源缩回

是回避的动作。

（16）头部后仰

是势利小人或非常自信之人鼻子朝天的姿态。

（17）头部低垂

表示动作者深觉厌倦。

（18）把头部向一侧倾斜

是一种顺从的表示，这个姿势不仅暴露出人们的喉咙和脖子，还会让人显得更加弱小和缺乏攻击性。

头部姿势既可以反映出一个人内心真正的心理活动，也可以影响别人对其形成的印象和判断。因而在客户的交谈中，一方面你可以透过头部姿势来了解客户的内心世界，另一方面，要尽量避免被自己的头部动作“出卖”。

心理策略

头部是人体活动与接触最频繁的部位。点头、摇头、抬头、歪头、低头等传递着动作实施者其内心的真实情感和态度。通过头部动作洞察人的心理是销售人员把握客户心理的关键。

2. 透过眼睛掌握客户心理

德国著名心理学家梅赛因曾说：眼睛是了解一个人的最好工具，这种通过眼神、目光深入他人内心的能力是人类独有的。当我们的眼睛看一些东西的时候，通常会表现出各种眼色表情，眼球的运动模式及角度将会透露出一些个人信息，告诉旁观者他的内心情绪变化。也就是说，不管一个人的心里正在打什么主意，他的眼睛都会立刻忠实地告诉别人。

销售中，客户眼睛很可能透露其内心深处的性格与想法，下面我们就具体盘点一下常见的眼神所表达的不同含义。

（1）眼睛流露善意

必定积极乐观，心存慈悲。

（2）眼睛横竖

性情刚烈。

（3）眼珠暴突

性情凶恶。

（4）眼神坚毅

信心满满。

（5）眼神明澈

为人正直、坦荡，心胸博大。

（6）眼神狡黠、阴险

为人做作、心胸狭窄。

（7）眼光坚定

志怀高远。

（8）眼光游离

为人轻浮。

（9）眼神内敛

善于克己。

（10）眼神暴露

心存贪婪。

（11）眼神不定

多爱撒谎。

（12）眼睛明亮有力、转动灵活、目光清晰

健康、精力充沛。

（13）眼睛乏力无味、目光呆滞而混浊

疲惫不堪。

（14）眼睛斜视不语

心怀妒忌不满。

（15）瞄上一眼后，闭上眼睛

是一种“我相信你，不怀疑你”的身体语言。

（16）闭上眼睛后，再睁眼望一望，如此不断反复

是尊敬与信赖的表现。

（17）眼睛上扬

是假装无辜的表情、这种动作是作证自己确实无罪似的。

（18）眼珠转动迟缓

感情起伏少的性格，不受他人影响，对自己的生活方式没有协调。

（19）忙着眨眼

感受性强人一倍，神经质的个性。经常焦虑，精神过度疲劳，身体状况不佳。这种人头脑清晰有能力，但黏着力及忍耐力不足。

（20）目光闪烁不定

缺少对事情深思的能力，浮躁的冲动派，不被信任，有撒谎的倾向。

（21）目光着点不定

精神存在不安定的状态，在内心深处有怨怒之气，心情不稳定且焦躁不安。

（22）眼睛往上吊

心里藏着不可告人的秘密，性格消极厌世，不敢正视对方。

（23）眼睛往下垂

有轻蔑对方之意，要不然就是不关心对方的情形。个性冷森，本质上只为自己没想，是任性的人。

眼神就是内心活动的一面镜子，不同的眼神表达着不同的含义。把握这些常见的眼神所代表的含义，必将会对你的销售工作提供很大的帮助。

心理策略

眼睛是心灵的窗户，蕴藏着一些语言信息和心灵秘密。一个人的穿衣风格可以变化，一个人的语言可以说谎，但眼睛所反映出来的细微差别却是难以隐藏的。在和客户打交道时，如果你能细致观察他的眼神、目光，就能够洞悉其内心世界。

3. 透过口鼻掌握客户心理

在销售中，要做到知己知彼，较全面地了解客户的心理状态，就需要从细节着手。而在相互交流中，一个人的心理活动往往会从口鼻的变化中显示出来。因此，销售人员要学会通过观察客户的口鼻洞悉其心理活动。

下面我们来揭示口鼻透露的秘密：

(1) 把嘴抿成“一”字形

是个坚强的人，他一定能完成任务。

(2) 张开嘴而合不上

是个意志不坚定的人。

(3) 人的嘴唇往前空撅的时候

是一种防卫心理的表示。

(4) 时常舔嘴唇的人

内心压抑着因兴奋或紧张所造成的波动。

(5) 说谎时

常口干舌燥地喝水或舔嘴唇。

(6) 打呵欠

是想暂时逃避下意识的欲求表现。

(7) 在与人交谈中，如果其中有人嘴唇的两端稍稍有些向后

表明对方正在注意听你说话，对你的言谈极有兴趣。

(8) 人的下嘴唇往前撅的时候

表明他对接受到的外界信息，持有怀疑态度，并且希望能够得到肯定的回答。

(9) 用上牙齿咬住下嘴唇，或是用下牙齿咬住上嘴唇以及双唇紧闭

表明他正用心地听另外一个人的讲话，他可能是在心里仔细地分析对方所说的话，也可能对方在自我谴责，自我解嘲，甚至自我反省。

(10) 皱鼻子

表示厌恶。

(11) 歪鼻子

表示不信。

(12) 鼻子抖动

表示紧张。

（13）抽搐鼻子

一定是闻到怪味。

（14）哼鼻子

有排斥的意味。

（15）嗅鼻子

是任何气味都有的反应。

（16）想骗人的时候

会不经意的用手抚摩鼻子。

（17）思考难题或极度疲乏的时候

会用手捏鼻梁。

（18）厌倦或挫折的时候

则常用手指挖鼻孔。

（19）触摸自己鼻子的动作

被视为自我安慰的信号。

（20）人的鼻子胀大意味着愤怒或恐惧

因为当人处在兴奋或紧张的状态时，生理上就会发生相应的变化，呼吸和心律跳动会加速，因而会产生鼻孔扩大的现象。

（21）在谈话的过程中，当你发现对方的鼻子稍微胀大时

多半表示他有一种得意或不满情绪，也可能正在压制某种情感。

（22）交谈中，鼻头冒出汗珠

说明对方心理焦躁或紧张。在交易中出现这种状况，必然是由于急于达成协议，心里盘算着一定要完成这个交易，而又害怕失败，所以心情焦急紧张，因为紧张，鼻头才有发汗的现象。

口鼻是呼吸的通道，人内心的情绪稳定与否，都会引起呼吸的变化，因而从一个人口鼻的变化能准确的把握对方的心理。

心理策略

一个人的嘴巴和鼻子能够鲜明表现其内心的波动。学会通过客户的口鼻来掌握对方的心理，一定会让你在销售中受益良多。

4. 透过下巴掌握客户心理

下巴的变化往往被人们所忽视，其实下巴同样可以分析出一个人的性格与爱好的。通过对下巴动作的解析，做到破译客户的心理对销售工作起着重要的意义。

关于下巴的分析，来看看不同的下巴动作具体代表着客户怎样的心理：

（1）下巴抬高

此人十分骄傲，优越感、自尊心强，望向你时，常带否定性的眼光或敌意。

（2）下巴缩起

此人仔细，疑心病很重，容易封闭自己，不易相信他人。

（3）下巴向前撅

生气的人下巴往往会向前撅着，一般表达的是威胁或者敌意。

（4）下巴缩着

如果某人缩着下巴，那么此人表现出的是恐惧的神情。

（5）下巴压得很低

这样的人有着很强的自我意识，一旦他们所说的话或所做的事被别人轻视就会很不开心，甚至气得暴跳如雷，他们会以自己的实际行动和轻视自己的人一决高低。

（6）下巴高抬，不时做出调整

这样的人是属于直爽和坦诚那一类的，把情绪都写在脸上，一般都表现的爱憎分明，对于喜欢的人，可以真诚相待；至于那些不喜欢的人，他们根本不会强颜欢笑。

（7）下巴与头部的动作保持一致

这种人待人很温和，对于喜欢的人很温柔；至于不喜欢的人他们也不会针锋相对，只是会表现的冷淡一些而已。

（8）下巴随着说话者的目光发生转移

这种人爱憎分明、沉稳踏实原则性很强，在待人接物上憨厚、诚恳，不会玩手段，自制力很强，很少发脾气，对任何事情都可以谨慎处之。

（9）将下颚伸向前方

一般而言，不论男女，均属具有攻击性的行为，突出下颚是一种想要表示“扑向前去狠揍”的意图的动作，经常加以凶恶的眼神。这可以视为想将其愤怒情感扔向对方的一种攻击欲求的表现。

（10）下颚突出不明显的人

一般而言，这样的人欠缺自我主张，所以使下颚更加突出以表现自我主张的象征。就男性而言，蓄留胡须的人，多半属于懦弱、缺乏个性的人。

（11）尽力地伸长和抬高自己的下巴

采取这种动作的人，心中自认为高人一等，往往带有藐视之意，认为自己很明显地站在优势地位上，而且很有把握地坚信自己的主张是无人反对的。

下巴的表情当然不如眼睛或嘴丰富，也很难让人觉察，但事实上它的变化的确展现着人们的心理变化，也能提供很多信息。

心理策略

销售人员要学会从客户的下巴出发，对其心理进行解析，看穿不同客户各自的性格特点和内心世界的变化情况。

5. 透过双手掌握客户心理

原始人类曾用身体各个部位的肢体语言进行交流，然而在有了语言之后，最初的肢体语言，除了手势，逐渐都被淘汰了。这说明手的作用非常大，而不仅仅是语言的点缀。手不仅能帮你很好的表达自己，还可以让你从双手来窥知客户的性格特征。

以下是常见的手部动作及特征所透露的客户心理：

（1）习惯于用右手做事的人

左半脑多比较发达，在他们的性格中，理性的成分要多于感性，做事有条理，逻辑性强。

（2）习惯于用左手做事的人

右半脑多比较发达，而在他们的性格中，感性的成分往往要多于理性。

（3）修长纤细的手指是敏感的象征

有修长纤细手指的人大多是相当敏感的，他们的感情很丰富，但是性格却很脆弱。

（4）具有短且粗的手指的人

多是积极的，肯负责任的。他们的性格比较固执和顽强，多选择一些力量和判断力敏感度很高的职位来做。

（5）喜欢留长指甲的人

一般来说，他们的占有欲望是很强的，并且随时做好了争取的准备，只要时机一到，就会立即付诸行动。

（6）老是把手指合在一起的人

会经常处在一种非常矛盾的状态当中，理智和情感总是在不停地交战。

（7）用手指扭头发

这一肢体语言，表示这个人很紧张，缺乏必要的安全感。

（8）习惯于用手指挖鼻孔或是掏耳朵的人

在思想上还不是特别成熟，有些时候会有些相当幼稚的表现。

（9）喜欢用手对所说的话进行补充、解释和说明的人

他们的性格中感性成分往往要丰富一些，有一些多愁善感，很能引起其他人的注意。

（10）涂着不花哨的指甲油的人

说明她是很爱漂亮，但不喜欢张扬。

（11）握手时，手心干燥的人

性格一般比较开朗，但也有可能表示他对此次会面没有什么特殊的兴趣；手心潮湿的人，性情比较内向，或此时情绪十分紧张或恐慌。

（12）握手时，手心朝上的人

一般性情柔顺，易于相处；手心朝下的人，争强好胜，不肯服人。

（13）伸出手指与人握手的人

精于世故、吝啬贪婪，喜欢居高临下，蔑视他人。

（14）交谈时喜欢十指交叉的人

十指交叉是一种典型的本能防御姿态，说明他可能受过严重的伤害，存在一定的心理阴影。

（15）双肘支撑双手交叉的人

说明对方充满自信，把握十足。

（16）将十指相对做成尖塔形状的人

说明他只是对你所说的话，而绝不是对你这个人产生兴趣。

（17）不停用手碰鼻尖的人

他内心犹豫不决，未能作出明确决断。

（18）交谈中，不停用手搔头

表示他这时已经出现烦躁不安的情绪。

（19）用手在面部摩挲

表明他对谈话的内容心不在焉、没有任何兴趣。

古人说：十指连心，而心是主管神明的。所以，观察一个人说话时手的姿势变化，往往能扑捉到对方发出的各种信息。

心理策略

在与客户交往时，为了自己能更多地了解对方，建议你多留心一下他的双手，因为它不仅是双手，还是其人性格特征的外在表现。

6. 透过坐姿掌握客户心理

人们的坐姿看上去大同小异，但这其中小小的差别往往能体现出人们的一些真实心理。通过不同的坐姿，究竟能看出人们什么样的心理呢?

我们通过下列的分析来了解不同的坐姿所透露出的人的不同心理：

（1）自信型的坐姿

这种人通常将左腿交叠在右腿上，双手交叉放在腿跟两侧。他们有较强的自信心，非常坚信自己对某件事情的看法。

（2）温顺型的坐姿

这种人坐着时喜欢将两腿和两脚跟紧紧地并拢，两手放于两膝盖上，端端正正。这种人一般性格内向，为人谦逊，对于自己的情感世界很封闭。

（3）古板型的坐姿

坐着时两腿及两脚跟并拢靠在一起，双手交叉放于大腿两侧的人为人古板，从不愿接受别人的意见，有时候明知别人说的是对的，但他们仍然不肯低下自己的脑袋。

（4）羞怯型的坐姿

把两膝盖并在一起，小腿随着脚跟分开成一个“八”字样，两手掌相对，放于两膝盖中间的这种人特别害羞，多说一两句话就会脸红，他们最害怕的就是让他们出入社交场合。这类人感情非常细腻，但并不温柔，因此这种类型的人经常觉得莫名其妙。

（5）坚毅型的坐姿

这类人喜欢将大腿分开，两脚跟并拢，两手习惯于放在肚脐部位。这种人有勇气，也有决断力。

（6）冷漠型的坐姿

这种人通常将右腿交叠在左腿上，两小腿靠拢，双手交叉放在腿上。这种人看起来觉得非常和蔼可亲，很容易让人接近，但事实却恰恰相反。

（7）悠闲型的坐姿

这种人半躺而坐，双手抱于脑后，一看就是一种怡然自得的样子。这种人性格随和，与任何人都相处得来，也善于控制自己的情绪，因此能得到大家的信赖。

（8）重重地坐下去

此时的心情一定是烦躁的。

（9）轻轻地坐下去

此时的心情一定是平和的。

（10）侧身坐的人

此时的心情除了舒畅外，还觉得没有必要给你留下什么更好的印象。

（11）猛然坐下

其内心或隐藏着不安，或有心事不愿告诉你。

（12）双腿不断相互碰撞或不断地拍打地板

此时一定有什么事使他紧张和焦躁。

（13）喜欢与人对着坐

是由于他希望能够被对方理解。

（14）喜欢与人并排坐着

是由于他认为与对方有共同感。

（15）有意识从并排坐改为对着坐

或是对谈话对象抱有疑惑，或是对对方有了新的兴趣。

（16）有意识挪动身体

是想在心理上与对方保持一定的距离。

从坐姿细微区别可以推测出这个人的性情轮廓以及为人处事的方式。如果你是个有心人，在接触客户三五分钟内，即使你们没有交谈，你也能大致了解对方的性情。

心理策略

注重观察客户的坐姿对于销售人员了解客户性格特征，调整与其的关系大有益处。

7. 透过站姿掌握客户心理

站姿最能考验人的内心，不同的站姿能体现出一个人的很多真实方面。不同的言谈举止、厌恶爱好、生活习惯、起居饮食、以及意识倾向会决定一个人的站立姿势。所以，一个人的站姿往往反映出其性格特征和内心真实情感。你只要细心观察你的客户，就可以从他们站立的姿势中探知其心理活动。

一般来说，人的站姿大致有以下几种类型：

（1）社会型内向的站姿

这种人双脚自然站立，左脚在前，左手习惯于放在裤兜里。这种人的人际关系较为协调，他们从来不给别人出什么难题，为人敦厚笃实。

（2）思考型内向的站姿

这类人双脚自然站立，双手插在裤兜里，时不时取出来又插进去。习惯于这一类站姿的人，大多比较小心谨慎，凡事都喜欢三思而后行，如果让他们决定做一件事，你要先给他们一份计划，否则他们会拖很长时间也作不了决定。

（3）抑郁型的站姿

这种人通常是两脚交叉并拢，一手托着下巴，另一只手托着这只手臂的肘关节。这种人多数是工作狂，他们对自己的事业颇有自信，工作起来非常专心。废寝忘食的行为对他们来说是家常便饭。

（4）服从型的站姿

这类人一般是两脚并拢或自然站立，双手背在身后。这类型的人与别人一般都相处比较融洽，可能很大的原因是由于他们很少对别人说"不"。他们在工作中不会有什么开拓和创新的精神，甚至踏实到毫无反对意见的地步。

（5）领导型站姿

这类人通常挺直腰板，背手站立。这种人通常是自信力非常强的人，喜欢控制和把握局势，或自恃是居高临下的强者。若一只手从抓住另一只手的手臂，则可能是在压抑自己的愤怒或其他负面情绪。

（6）攻击型的站姿

这类人常常将双手交叉抱于胸前，两脚平行站立。这是很有自信心和心理上优势的表示。他们的叛逆性很强，时常忽视对方的存在，具有强烈的挑战和攻击意识。若加之脚尖拍打地面的动作，则暗示着领导力和权威。

（7）自信型站姿

这种人习惯于两手插腰而立。这是具有自信心和精神上优势的表现，属于开放型动作。对面临的事物没有充分心理准备时决不会采用这个动作的。

（8）古怪型的站姿

这种人常常将双脚自然站立，偶尔抖动一下双腿，双手十指相扣在腹前，大拇指相互来回搓动。这种人的表现欲望特别强，喜欢在公共场合大出风头。如果什么地方要举行游行示威，走在最前面的，扛着大旗的多数就是这种人。

站姿反映的是一个人复杂的内心世界，所以在观察他人的时候，千万别忘了分析他的站姿！

心理策略

如果你仔细观察揣摩，会发现站立这种简单的动作也是百人百样。每个人都有自己习惯的站立姿势，通过这些不同，可以反映一个人的性格。

8. 透过走姿掌握客户心理

走姿确实能极大反映出一个人的性格特点。每个人都有自己习惯的走路姿势，不同的“走姿”可以显示出一个人的性格特征，客户也是如此。在不同情况下，不同的人有不同的走姿，往往透露出其内心的真实想法。

下列是常见的走姿：

（1）步伐急促的人

这类人是典型的行动主义者，大多精力充沛、精明能干，敢于面对现实生活中的各种挑战。

（2）步伐平缓的人

这是典型的现实主义派。他们凡事讲求稳重，“三思而后行”，绝不好高骛远。

（3）身体前倾的人

这类人的性格大多较为温柔和内向，但他们为人谦虚，一般都有良好的自身修养。

（4）走路昂首挺胸的人

这类人走路时抬头挺胸，大踏步地向前，充分显示自己的气魄和力量，当然给旁人难免有一种高傲的感觉。这类人爱以自我为中心，淡于人际交往。

（5）走路如军事步伐的人

这种人意志力较强，对自己的信念非常专注，他们选定的目标一般不会因外在环境和事物的变化而受影响。

（6）踱方步的人

迈着这种步态的人是非常稳重的，他们喜欢保持冷静。他们认为面对任何困难事情时，最重要的是保持清醒的头脑，不希望被任何带有感情色彩的东西左右了自己的判断力。

（7）罗圈腿式步态的人

迈着这种内八字式走路的人，永远是副憨实厚道的样子。他们只留意生活中的细节，喜欢按部就班地进行，如果有突发事件发生就会大乱阵脚，而显得手足无措。

（8）大踏步式步态的人

经常采用这种方式行走的人很显然是情绪急躁的人。这类人为人豪爽，无拘无束，处理事务极富弹性。他们在做事时，往往起领头羊的作用，能想到什么就马上去干。

（9）碎步式步态的人

如果一个人用这种方式行走，那么就会被认定为带有女性化，这对一个男人来讲是相当糟糕的。此种人行为乖戾、优柔寡断，难成大器。

（10）步态迟钝型的人

这种人行动迟钝，左右观望，闪闪躲躲，像做了亏心事似的。采取这样走姿的胸无大志，贪小便宜，不善交朋友，喜欢独居生活，工作效率很低。

（11）步伐随便的人

步伐无固定规律可循，有时双手插进裤袋里，双肩紧缩，有时双手伸开，挺起胸膛的人，一般达观、大方、不拘小节，慷慨有义气，有创立事业的雄心，但有时会夸大、争执、不肯让人。

除此之外，还有斯文型、冲锋型、踌躇型、混乱型、观望型等走姿，他们也分别凸显着一个人的性格与心理。

心理策略

人生就像一段旅途，走路人千姿百态，看路人形色各异。所以不妨停下脚步看看别人千姿百态的步姿，必定能让你大有收获。

9. 透过饮酒掌握客户心理

在社交中，最为常见的应酬就是喝酒，无论是中国还是西方都是如此。于是人们就会自觉地形成属于自己的饮酒习惯。我们恰恰可以根据饮酒习惯来了解对方的心态。

以下我们先从人们饮酒时选择的酒以及喝酒的方式来分析对方的性格与心理：

（1）喜欢喝纯威士忌的人

具男性气概、冒险心强，讨厌受形式束缚，对强权势力带有叛逆性。富有创造力、独创性又具正义感。外表上对女性表现得很冷淡，内心却是温柔的。

（2）喜欢喝稀释的威士忌的人

这是最普通的男性性格，渴望能充分把自己的观念传达给对方，适应力非常强。

（3）中国白酒

喜爱白酒者一般富社交性而乐善好施。也有好好先生的一面，极在意对方的感受，易受吹捧，受人所托无法拒绝。

（3）洋酒

这类男性多数追求豪华的生活，喜爱从事辉煌的工作，在服饰等方面也较挑剔。他们中有许多人有国外生活经验，也有些人则是崇尚新潮。

（4）鸡尾酒

在工作上能充分发挥自己个性与才能，值得信赖。同时具有责任感，举止行动有分寸。

（5）啤酒

根据美国社会调查研究所的调查，喝啤酒是表现轻松愉快的心情，渴望从苦闷的环境中获得解放。

一般说来，爱喝白酒者善于社交；爱喝鸡尾酒的人值得信赖；爱喝洋酒者追求豪华；爱喝啤酒的人性格活泼；慢喝的人比较稳健；狂饮者豪爽；希望这些透过饮酒习惯得到信息能对你的人际交往有帮助。

俗话说：“酒品即人品”。接下来我们来分析一下人们酒后不同的表现所透露出的心理的秘密：

（1）喋喋不休型

这类人看似对一些事毫不在乎，实际上是个把什么事都藏在心里的人。

（2）呼呼大睡型

这样的人一般很有正义感，原则性强，是属于理智型之人，平常不喝酒时颇懂得自我约束，言行也少逾矩。一旦决定干一件事，就会毫不犹豫地为之付出一切，而且专一而深沉。

（3）引吭高歌型

这种人一般个性有些内向、温和，不善于表达，生活起居较具规律性，也是乐观进取之人，虽会酒醉，但心不会醉。只要你深入了解他，就会发现他是一个很认真投入的人。

（4）大哭大闹型

这类人一般情感丰富，个性消极，自卑感重，在日常生活上曾遭受严重的鄙视或有许多委屈，在平常即会常抱怨或发牢骚之人。

（5）爱笑型

醉后爱笑之人，个性乐观、随和、不拘小节，也是颇具幽默感之人。

酒后吐真言，一个人饮酒后的反应往往体现着这个人最真实的一面。

心理策略

中国人的饭桌文化老少皆知，很多人际脉络关系都是在餐桌旁撒落开来的。正如民间俗语所说的："酒杯一端，政策放宽。"所以，学会从餐桌上客户的饮酒看出其性格与心理，定会对你的销售有很大益处。

第六章

心理掌控术

——了解客户的心，才能更好地把握他们的人

客户都想被优待，都爱面子，都乐于占便宜，都怕上当受骗……即便你能了解客户的这些心理，但是不懂得如何去满足也没有办法赢得订单。要想做到这一点，最重要的就是要抓住客户的心。

1. 搞懂客户为什么抱怨

干销售的一般都练就了一身“唾沫与思维齐飞，脸皮共眼神一色”的功夫。正是因为这样才常常使客户认为销售员总是在“打太极”，把本该属于自己的责任给推出去，该处理的问题不做处理，放置在一边。做销售这一行，免不了面对客户的抱怨，“打太极”的方法治标不治本，更聪明的做法是搞懂客户为什么抱怨，并予以解决。

一天，崔颖去某化妆品店购买某品牌的洁面乳。到了店里，销售人员告诉崔颖她要买的那一款洁面乳今天卖完了，便推荐了同一品牌的另外一款洁面乳。崔颖本来想明天再来买的，可是看销售人员那么热情地为自己推荐，而且说效果是一样的，便决定买下。

到了家中，崔颖仔细阅读使用说明后，发现这一款是控油的，不是自己需要的那一款。于是第二天便拿到该店要求退货。销售人员一听要退货，脸色马上就拉了下来，完全跟先前推销时判若两人，并以产品质量没有问题为由，不予退货。崔颖一听气愤地说：“我当时就不想要这一款的，是你说的都一样的，非要推荐这个给我……”销售人员心不在焉地听着崔颖的抱怨，满脸不屑一顾。崔颖再和她理论的时候，销售人员干脆自顾自地玩手机，根本不搭理崔颖，这下可把崔颖给激怒了，直接找商场部门经理投诉这个销售人员。

其实例子中的销售人员完全可以换一种方式来处理这个问题，譬如告诉崔颖：“我们不能退货，但是可以换货，您要是喜欢用那款产品的话，等有货了，您随时可以来换。”这样既不至于被投诉，也能为自己积攒一个客户源。所以，面对客户的抱怨时，学会怎样恰当地处理对于销售人员来说是很有必要的。

（1）仔细聆听客户抱怨，切勿争辩

在消除顾客不满时，第一步就是要学会倾听。用关怀的眼神看着客户，冷静地聆听其发泄心中的不满。在听的过程中把对方的谈话做个整理，同时配以“是”、“嗯”、“的确如此”的语言以示你在认真地听他说话。这样既有助于了解客户抱怨的原由，又能缓解客户的情绪，避免冲突的发生。

（2）迅速处理客户抱怨，切勿拖延

处理顾客抱怨的时间拖得越久愈会激发顾客的愤怒，且客户的想法也将变得顽固而不易解决。所以，在处理顾客抱怨时，最好不要拖延，应该先积极表达处理的诚意，再立即处理问题。并且在处理的过程中及时告之顾客事情处理的怎么样了，到了什么程度等。这样有助于安抚顾客的情绪，求得顾客的理解。

（3）处理后询问客户意见，求得谅解

问题处理后一定要再跟客户联系，确认其对处理结果是否满意。这样做一方面可以了解自己的补救措施是否有救，另一方面也能加深客户受尊重的感觉。如果客户表示对你的处理很满意，那么恭喜你，你又拉回了一个客户，提升了产品的信誉度。

心理策略

要做优秀的销售人员，就必须学会聪明处理客户的抱怨。只有赢得客户的信任和口碑，才能逐渐完成从优秀到卓越的转变。

2. 每个客户都想被优待

做销售首先得调整好心态，弄明白客户对你意味着什么？客户即是衣食父母，是给你发工资的人。所以，不管客户是何种身份或地位，都应该让他们真正的感受到被优待，让他们对你的服务留下深刻的印象，这才是销售人员最大的追求。

快过年了，李霞打算去银行取点钱。虽然提前想到了可能年关的时候人比较多，但也没料想到人会这么多。李霞心想："排吧，大家都等着呢。"

这家银行同时开了三个窗口办理现金业务，叫号服务不断地发出提示音。可是等了差不多半小时，李霞发现却没叫过一个普通号，原来是全被持有"8"字头的贵宾号抢先了。几名排队的老人等得有些不耐烦了，于是上前理论："怎么三个窗口全是贵宾号啊？能留一个柜台给普通储户吗？"工作人员说："这个不可以，你也可以办理贵宾卡呀，只要达到一定的金额，就能享受贵宾服务。也就是说，可无须排队，优先办理业务。"

后面排队的普通客户，眼看着自己排了一个小时的队也没排到跟前，可是人家 VIP 客户五分钟就搞定了，心理固然很不是滋味。李霞听到周围抱怨声一片，心想："如此服务，难怪储户流失呢！"

贵宾服务设立的前提是不损害普通客户的利益。可以专门设立贵宾窗口，但不应让 VIP 直接插队到普通客户的前面，从而让普通储户感受到三六九等的歧视待遇。每个客户都希望被优待，都应该被热情服务。

（1）以情服务，用心做事

给客人提供个性化、亲情化服务是建立在满足其物质需求和精神需求的基础上的一种升华。有些销售人员仅仅做到"物质"的方面，而忽略了客户的"精神需求"。其实"精神需求"对于抓住客户而言更为重要。每个客户都想要被优待，这就是精神需求。如果你能做到"以情服务，用心做事，优待每一个客户"，又会有多少客人不请自来。永远把客户放在第一位，积极投身于对客户的服务中去，要相信有一个好的状态才会有一个好的结果。

（2）注意细节，赢得客户

俗话说：细节决定成败。销售人员在与客户的接触中一定要注意细节问题，无论对哪个客户，不管处理多么小的问题，都不能粗心大意，任意省略。想想如果你是客户的话，会希望得到怎样的服务，然后再以这样的服务去服务你的客户。在工作当中要加强换位思考的意识，时刻把客人的利益摆在第一位。只要用心做好每一个细节，每一件事情，用心对待每一个客人，你的工作就一定会得到上司和客人的认可。

心理策略

现在的市场竞争异常激烈，客人的选择余地也越来越多，如何才能让客人在众多的选择中选择你的产品呢？最重要的就是要抓住客户的心，让每个客户都感受到被优待。

3. 客户都怕上当受骗

客户都怕上当受骗，所以在销售的过程中，大多数客户对销售人员存有一种不信任的心理，他们认为销售人员是为了卖东西必然会说很多“好话”，而这些“好话”里包含着一些虚假的成分，甚至会存在欺诈的可能。销售过程中，如果不能够从根本上消除客户这种害怕被骗的心理，交易就很难成功。

李铭和同学去一手机店买手机，看上了一款型号的，觉得样式和配置都比较满意，想要售货员拿真机来看一下，结果销售员说这边没有真机，交了钱十分钟就调来了。李铭也没想那么多就把1000块钱交给了那个售货员。

但是，售货员并没有给李铭拿真机，而是开始忽悠说：“你看看这款吧，性价比比你看的那个要高，而且参数也高，只是要添150块钱。你要的那款下软件要花钱，系统重装也花钱，卸了也花钱，算下来就不止150了。”李铭想想有道理，添了100块钱，也没仔细看，就拿着机子走了。

回去以后，越想越不对劲，就上网查了一下这型号机子的参数，发现根本就不是那个售货员说的那么高，且网上只售600块钱。于是第二天就去找那个售货员让他退货。结果售货员根本不承认自己说过这个机子参数有那么高，还说是李铭自己听错了，所以坚决不给退。李铭很生气，感觉自己被骗了，可是人家不给退也没有办法，只是心想："以后打死也不去他们家买东西了。"

所谓："一着被蛇咬，三年怕井绳"。客户往往因为曾经遭遇过欺骗，或买来的东西不能满足期望，就会产生顾虑心理，对销售人员心存芥蒂。顾虑是心与心之间的一条鸿沟，只有填平它，销售人员才能到达成功交易的彼岸。

（1）耐心解答客户的提问

客户所提出的问题一般就是其所顾虑的原因。如果能耐心地回答好客户所关心的这些问题，就在很大程度上消除了客户对产品的顾虑。

（2）诚心对待客户，真实介绍产品

当客户对产品的某些方面提出质疑时，你不妨直接对客户说出产品的缺点，这比客户自己提出来要好得多。这样至少可以让客户对你产生信任感，觉得你是个诚实的人。当你赢得客户的信任以后，再去推销自己的产品就会更加有把握。

（3）做好售后服务

销售人员在销售的过程当中，要想消除客户的顾虑心理，使他们觉得自己所购买的商品物有所值，就必须得做好售后服务保障的工作。售后对于消除客户顾虑起着很大的作用，最起码当客户想到产品出了问题有地方解决时，心里就会踏实很多。

心理策略

在销售过程当中，客户怕被骗的心理若不能消除，将会给销售工作带来很大的阻力。所以销售人员一定要善于接受并巧妙地去化解客户的顾虑，使客户放心地去购买产品。

4. 性别有差异，心理大不同

性别营销是指把消费人群区分为男性与女性，企业基于男女两性差异的视角展开的营销。男性与女性在沟通目的、价值观基础、处理冲突的方式和解决压力的方式等各方面的心理是不同的，这就要求销售人员在服务客户时，应根据性别的不同来决定应该采取何种沟通内容上和沟通方式比较合适。

文龙是销售部的风云人物，几乎每个月的销售桂冠都被他摘走了。这一天公司聚会，大家伙都忙着向文龙取经。

晓东："龙哥，快给小弟介绍介绍经验吧，我都快愁死了，这个月业绩再上不去，我可就得滚蛋了。"文龙笑了笑说："这个技巧可多了，我先教你一个很实用的，就是……嘿嘿，'男女有别'，你听我给你说啊。"

文龙喝了一口酒接着说道："男客户多注重商品的质量和实用性，不太看重商品外观是否花哨，追求简单明快的风格，注重商品的使用效果及整体质量，不太关注商品细节。而且男性客户多具有强烈的好胜心理，购物时十分注重商品的档次和品位，而不关心价值问题，不愿讨价还价。所以根据男性客户普遍具有的这一心理特征，在向他们介绍商品时，你要特别强调商品的层次价值，让他有面子。"

"那女性客户呢？"晓东迫不及待地问。

"女性购买动机具有较强的主动性和灵活性。动机的灵活性也时常体现在购买具体商品上，如原打算购买某种商品，但商店无货，这时男客户往往放弃购买，而女客户会寻找其他适合的替代品，完成购买。如看到某种商品能够使儿童聪明活泼，马上会联想到自己的孩子要是这样会多么可爱，从而引起积极的心理活动，产生喜欢、偏爱等感情，促发购买动机。所以对于女性客户，要学会去控制她的情绪，指引她跟着你走。”

……

晓东若有所思地点点头。

女性客户具有较强的主动性、灵活性，易于感情用事；男性客户一般比较自信、决策迅速、动机不强、理智多于感情。客户的性别不同，消费特点也不尽相同，因此销售员的营销策略也应有所不同。

（1）沟通交流的方式上

男性在与人交往中，一般都会期望通过沟通强调自己的地位与能力。所以在面对男性客户时，销售人员要在交流中尽量给足客户面子，让他有一种成就感。女性则更期望通过沟通建立良好关系。所以面对女性客户，在接触中首先要与她建立一个良好的关系，这可以为今后的工作打下良好的基础。

（2）处理冲突的方式

男性多是就事论事型，面对问题会直接表达意见。所以销售人员在解决冲突时要注意从问题的实际情况出发，清晰、果断地处理问题，不要拖泥带水。女性客户在遇到冲突时，一般会强调化解矛盾，希望得到理解和支持。销售人员在处理与女性顾客的冲突时，要表示理解，并积极解决问题。

心理策略

销售中要重视并强调性别差异，向消费者提供相适应的产品和服务，从而在切合目标消费者群的生理及心理特征需求的前提下，实现手段的多样化。

5. 别伤害客户的尊严

中国人最大的特点就是爱面子，面子是中国人人际关系最基本的调节器，面子给的足不足往往是人际和谐与否的重要条件。面子说白了就是尊严。在销售过程中，维护客户的尊严，给对方面子，就是维护自己的利益。千万别伤害客户的尊严，尊严是非常脆弱的，经不起任何的伤害。

李嘉诚的成功不仅仅在于拥有富可敌国的财富，更在于他对别人的尊重。

经商赚钱只是一个结果，背后隐藏的是如何做人做事的学问。金钱不是万能的，做生意的过程中，与别人打交道，只有丢掉对金钱的迷信，从尊重、信任出发建立关系、发展业务才能取得成功。正是李嘉诚诚恳待人、不摆臭架子的作风为其赢得了好人缘。

李嘉诚曾说："不为五斗米折腰的人，在哪里都有，千万别伤害了别人的尊严，尊严是非常脆弱的，经不起任何的伤害。"

在李嘉诚看来，对待部属的关心应该多于物质的刺激，在物质激励的基础上，用尊重、信任和关系赢得合作。而对待商业伙伴，也要超越资本实力的大小，用一颗平等的心来面对。这样一来，才能让人服气，所到之处游刃有余。

李嘉诚的从商经验是，重视人的尊严，坚持最起码的人际沟通原则，不仅让对方获得更多利益，更要注意在心理上让对方获得被尊重的满足感。对生意人来说，如果有骄傲自大心，那么就应该及时主动调整自己的不良心态，增强自己对人性的洞察力。

做生意离不开和人打交道，学会做人，学会照顾到客户的心理、尊严，才能处理好各种关系、赢得订单，才能创造更大的效益，否则就是

“自断生路”。

（1）尊严与财富地位无关

一个人不管地位高低，财富多寡，爱面子的心理是一样的。因此，在销售中，要平等地对待每一个顾客，不能以貌取人，更不能“势利眼”。每一个客户都是我们的上帝，对待上帝一定要用心服务、细心维护。更何况现如今“势利眼”也常常会看走眼，我们经常看到一些公司的大老板这些真正有钱的人生活是相当朴素的。所以说，给每个客户留面子，才是销售的生财之道。

（2）主动给足客户面子

虽然客户不会主动要求你给他面子，但是每个人都希望被尊重，被看中。在销售中，如果能学会主动做足客户面子，可以帮助你建立良好的人际关系，对你以后的工作来说也是大有裨益，这是一件雪中送炭的智慧。譬如：适度地吹捧客户；及时化解客户的尴尬；主动祝贺客户高兴的事等。

心理策略

做生意是为了赚钱，但是若只看到“钱”，而忽视了人的尊严，那么这样的销售人员就不算高明。和气才能生财，路通才能财源广进。如果你不给客户留面子，客户也不会顾及你的情面。维护好客户的尊严，才能与其处理好关系，最终做成生意。

6. 细心才会赢得客户信任

人际关系对于做好工作来说十分重要，在与各种形形色色的客户打交道时，要时刻小心、细心，切不可有浮躁粗心。否则，“一着不慎，满盘皆输”。

许薇是个乐于助人的女孩，凡是身边哪个人遇到了困难，她都会主动搭把手。许薇性格大大咧咧，像个男孩子，家都很喜欢和她做朋友。但是，许薇也有个致命的缺点就是粗心大意、丢三落四。

一天，许薇去楼上李大爷家借东西发现李大爷病了，于是冒着大雨，把大爷送到了医院。又连忙打电话告诉了去市场进货的李叔叔，也就是李大爷的儿子。李叔叔及时赶来看见许薇正在细心照顾李大爷，心里觉得暖暖的。

三天后，许薇买了些营养品来看望大爷才知道李大爷病重，必须做手术。但做手术需要一大笔钱，而刘叔叔家一时又难以周转过来。这时，许薇又主动提出自己攒了一万元钱，放着也没用，回头就先取来给刘大爷做手术应急。

李家人对许薇很感激，焦急地等着许薇借钱好给李大爷做手术。不料，许薇一去后就杳无音信，急得刘家人团团转。无奈之下，只得另想其他办法。

原来，许薇回家取钱时，又遇到了另一件十分紧急的事情，必须马上去办，结果，就把拿钱的事给耽搁了。等她再想起这事的时候，已经是几天后了。当许薇揣着一万元现金，急忙赶到医院的时候，刘大爷已经做完手术了

生活中有很多像许薇这样的人，他们尽管心地善良，乐于助人，可是粗心大意，总是帮倒忙。时间久了，身边的朋友也都不敢把要事交给他办了。在工作中，粗心大意一样会使自己丢掉客户的信任，就像以网捞水，终不能有什么成就，所以要想成功就必须用细心赢得客户的信任。

（1）细心了解客户

在见客户之前，应该细心的去了解客户的性格、脾气，以及以前的业务伙伴等。对你的客户了解的越多，在交往过程中就越能迎合客户的喜好，赢得客户的好感，为交易的成功打下好的基础。若因为一时的粗心大意而碰触到客户的禁忌，只会前功尽弃。

（2）细心服务客户

对于客户一定要细心、诚心的为其服务，越是细微的关心越能让客户对你产生好感。若能用细心感动客户，何愁他不会选择你的产品呢。譬如说：在客户需要的时候，为其接一杯水，递一张面巾纸等等。这些小事虽然看似微不足道，实则关系重大。

（3）克服粗心

在生活和工作中，注意观察细心人的做事的方法，从日常的小事一点一滴做起，克服自己易冲动的坏习惯。除此之外，在做事前要三思而后行，做事后要及时反省，回忆自己的言行是否会伤害到他人，别人托付的事情是否办妥了。只有这样，才有可能逐步完善自己，使自己成为一个稳重的人。

心理策略

关羽大意失荆州，成千古遗恨，完美地诠释了“细节决定成败”。一个细心的人，才会赢得客户的信任，赢得良好的人际关系。

7. 以德报怨，赢得人心

老子曰：“大小多少，报怨以德。”也就是说，面对对你不友善的人，要以恩德去感动他。“以德报怨”，是以“不争”为“争”的行动策略，是一种高明的人际交往艺术。在销售中，若遇到咄咄逼人的客户，切勿“以怨抱怨”，应具备长远的目光，不为一时的得失计较，最终成就大事。

春秋战国时期，魏国与楚国的边境地带住着两国的村民，他们都喜欢种瓜。

这一年，天气干旱、严重缺水，瓜苗长得非常缓慢。魏国的村民为了避免影响收成，就在晚上往地里挑水浇瓜。果然，他们的瓜苗长得越来越好好。楚国村民心里非常嫉妒，一些人开始偷偷踩踏对方的瓜秧。魏国村民看到这种情形大发雷霆，准备拔掉楚国村民的瓜秧，但是被县令阻止了。他耐心劝导大家："如果我们去报复，最多只能解心头之恨，但是那样的后果是很严重的，甚至会引发两国的战争。如果我们帮他们浇地，或许还能感化他们改邪归正。"

于是魏国村民第二天开始帮楚国村民浇地。楚国村民看到此，羞愧得无地自容，双方"化干戈为玉帛"。这件事很快传到楚王那里，他本来对魏国虎视眈眈，看到这种情形颇受触动，于是打消了原有的念头，主动与魏国和好。

"当有人打你的右脸时，你应该把左脸也转过来让他打"说的也是"以德报怨"的道理。以德报怨才能化敌为友、赢得人心是对付那些终日想要让你难堪的人的最上策。

以牙还牙虽然能解一时之气，却难以平息由此产生的严重后果，最终只能是导致仇人增多而友人减少。聪明人会采取以德报怨的方法，人们都有羞耻之心，当你"以德报怨"的时候，对方通常会为自己的"失礼"而无地自容。

（1）学会控制自己的情绪，冷静思考

做生意总免不了与客户有磕磕绊绊的时候，面对客户的"指责"甚至是"蛮不讲理"，一定要冷静。若是无法控制情绪，与之发生冲突不但解决不了问题，还会使生意没得做。面对"敌人"的进攻时还能冷静地思考问题是一种智慧。聪明的人会选择一面以微笑回应对方，一面寻找应对的策略，这样既会平复对方的心情，使其反省自己的行为，又会让周围的人觉得你是一个有教养的人，从而把舆论紧紧地拉在你这一方。

（2）分析情况，区别对待

"以德报怨"并非一味的忍让和退缩，把握不同性质的"敌人"是很重要的。具体来说，如果对方伤害你但本质上不是特别坏，或者并非有意伤害你，就可采取以德报怨的解决办法，使对方醒悟并感到愧疚。若对方故意伤害你且不知悔改，即使以德报怨也不能使他醒悟，就不必再施其以恩德了，大可以置之不理。

心理策略

“以德报怨”是赢得客户好感的一种方法。面对客户的攻击和为难，不妨做一个聪明的销售员，以博大的胸怀和以德报怨的策略去化解它，为自己赢得良好的人缘、更多的机会。

8. 不要表现得比客户更聪明

聪明是好事，但是处处显露自己的聪明就是愚蠢了。人人都有攀比心理，客户也是。在销售过程中，你可以选择自己出风头，丢掉生意，也可以选择把光彩让给客户，换来他对你的认同和财源滚滚。一舍一得，选择并不难，如果你真的聪明的话，应该懂得怎样取舍。

威廉出生在美国一个小镇上。由于威廉平时沉默寡言，所以镇上有人认为威廉不但不会说话，还很笨。其中以怀特先生为甚，他称威廉是天下第一大笨蛋。

人们不信，怀特决定用事实来证明给大家看。怀特一帮人把威廉找来，在台上放了两枚硬币：一枚五分，一枚一角。“威廉，你要哪一枚，挑中了就送你。”怀特说。一群人眼睛都盯着威廉，看他怎样反应。威廉毫不犹豫地拿了一枚五分硬币。人们哄笑起来，笑得前俯后仰。“你们看到了吧，”怀特嘲笑地说，“威廉脑子进水了。”

“威廉脑子进水了！”镇上一下子传开了。有人不信，也拿了两枚硬币来试试，果然，威廉又挑五分硬币，屡试不爽。人们一边试威廉，一边取笑威廉。

有一个老奶奶非常同情威廉，对镇上人把威廉当做取笑对象愤愤不平，她偷偷地把威廉找来。“小威廉，一角钱是五分钱的一倍，为什么不拿多的呢?”“我知道。”威廉笑笑回答老奶奶，并拿下了搁板上的储蓄罐给奶奶看，里面装了满满一罐五分硬币，“奶奶，如果我拿一角硬币，这一次是多了，但再也不会有第二次。”奶奶看着威廉眼中闪着狡黠的眼神，又看看满满一罐硬币，发现这是一个聪明过人的孩子，将来一定是一个干大事的人。

他就是美国第九任总统——威廉·亨利·哈里逊。

威廉懂得隐藏锋芒，并看到长远利益，所以才会选择“五分”，这是难得的大智若愚。处处表现自己的聪明只能逞一时之快，最终会招来对方的怨恨，为自己的前途埋下祸根，得不偿失。

(1) 隐藏锋芒

就算你的才华的确非常出众，也要懂得收敛，否则很难在社会上立足。若是一味地显摆自己的聪明，就相当于给对方贴上愚蠢的标签，又怎能不招来嫉恨和谩骂呢？处处锋芒毕露的人很容易得罪他人，为自己前进的步伐制造阻力。要懂得适时隐藏，才能让你的才华得到更大的施展。

(2) 求同存异

在日常交往中，人们谈论的话题没有固定的是非标准，仁者见仁智者见智。所以，表达自己看法时，一定要懂得谦虚，千万别流露出高人一等的感觉。求同存异，才能发展合作关系；允许不同意见存在，才是应该秉承的沟通原则。

心理策略

天底下聪明的人很多，所谓“天外有天，山外有山”就是这个道理。所以，在面对客户的时候，一定不能自以为是，就算你真的有卓越的才华也要懂得隐藏，否则只会惹祸上身。

第七章

心理说服术

——把话说到客户的心坎儿里

说话是一门艺术，得要领者讲话精练，字字珠玑，简洁有力，使人不减兴味且深得人心。对于销售人员来说，关键不在于口才有多好，而在于是否能把话说到客户的心坎儿里。在销售中，掌握好说话的各种技术往往能使你的努力达到事半功倍的效果。

1. 话不在多，“攻心”最重要

销售是说话的艺术，不在多而在精。销售不在于把话说得天花乱坠，把嘴皮子磨破，把客户缠得不厌其烦。要签大单，不但要会说，关键是要把话说到客户心里去。掌握好说话的艺术，能促进情感的交流和信息的有效传递。

王华是某烟酒厂的销售员，主要工作是向大小酒店推销公司的烟酒，以求得合作。

这天，王华来到某高档酒店，希望能见一下他们的老板。服务员通报一声回来说，老板在开会没时间见他。其实王华也知道这只是老板的推辞，可是他并没有转身就走，而是在外面一直等了将近三个小时，等到老板下班出来。

王华连忙上去说了来意，老板先是坚持要6000元进店费，而后又以有事为由开车走了。所以这件事就迟迟没有结果。王华后来又跑了多次，酒店老板都以有事为由避而不见。

因为该酒店在当地有一定影响力，所以王华心想无论如何也要拿下这单生意。王华愈挫愈勇，一次次地被拒绝，又一次次地去拜访，终于该店老板答应与他在办公室面谈。

面谈当天，为给酒店老板留下好印象，王华提前半个小时就到达了该酒店。由于上班时间尚未到，所以王华在办公室外面等候，刚好听到两个服务员在说老板什么。询问之下才得知今天是老板的生日。

于是，王华立马出去买了一束鲜花。待老板上班时，王华首先将鲜花送给他并祝其生日快乐。这一举动使酒店老板激动万分，几句交谈之后，毫不犹豫地在协议书上签了字，进店费的事也是一字未提。

王华用一束鲜花沟通了买卖双方的心灵，使酒店老板产生了亲切感。可见，面对客户时，话说的多少或者说的多漂亮都是其次，关键在于“攻心”。攻心是一种洞察客户心理、赢得客户信任的技巧。有时一句问候，一个微笑，一个动作就能感动“上帝”，就能获得客户的理解与回报，促进产品的销售。

（1）慎承诺，少埋怨

“言必信，行必果”。销售人员在工作中要言行一致，因为只有诚信工作，才能赢得客户的信任和支持。因此，对无法兑现的事情，不要轻易承诺，一旦承诺就尽量做到，以免造成误会，降低自身诚信度，从而影响工作。遇到问题，不要抱怨，而要静下心来帮助客户仔细分析问题和原因，认真寻找解决办法。

（2）语言要通俗易懂

与客户交谈时，销售人员总是得介绍一些行业政策和知识，且大多比较专业。而客户很少接触这么专业的术语，所以照本宣科的介绍往往无法让客户真正理解。这就需要销售人员化繁为简，将专业术语巧妙地口语化，让客户能够快速理解目标，用不同的宣传形式向不同知识水平的客户介绍。

（3）恰当地赞美对方

每个人都渴求被他人赞扬，客户也不例外。你要想取悦你的客户，最有效的方法就是热情地赞扬他。当然，对顾客的赞美要在适当的时机说出来，而且要显得自然，真诚，发自内心，否则只会适得其反。顾客被夸时内心就会变得柔弱而易攻，这时再为其推销产品就很容易成交。

心理策略

话不在多，“攻心”最重要！一句说到客户心里去的话，将帮你赢得大单。所以，每个销售人员都要懂得如何说，客户才能买。

2. 学会向客户提问

和顾客打交道时，提问要比讲述好。那种通过夸夸其谈就能拿订单的日子已经一去不复反了，现如今不懂得倾听和提问的销售是无法在销售界立足的。常言道："关键不在于你说什么，而在于你怎么说"，这句话很有道理。只有通过提问发现客户需求，才能迎合他们的心理，从而赢得订单。

星期天中午，洪先生和妻子在看电视，忽然门铃响了。妻子催促着洪先生去开门，洪先生大开门看到一个衣冠楚楚的人站在大门的台阶上，可是这人洪先生并不认识。

洪先生正想问："你找谁?"话还没出口，那个人就问道："你家里有高级的食品搅拌器吗?"洪先生被问的怔住了，不知道该怎么回答才好。

他转过脸来问妻子："咱家有高级食品搅拌机吗?"妻子一边嘟囔着："谁呀? 问这个干吗?"一边走到门口，看到是自己不认识的人还以为是老公的朋友。有点窘迫但又好奇地答道："家里有一个食品搅拌器，不过不是特别高级的。你是……"不等洪先生的妻子反应过来，推销员就紧接着说："我这里有一个高级的，你可以看看，特别好用。"说着，他从提包里掏出一个高级食品搅拌器。

洪先生和妻子好奇地看着这个新产品，又在销售员的同意下试了试，感觉不错，于是就买了。

我们可以设想一下，假如这个推销员用的是另一种说话方式，一开口就说："我是×公司推销员，我来是想问一下您们是否愿意购买一个新型食品搅拌器。"你想一想，这种说话的推销效果会如何呢?

例子中的销售员用的是单刀直入法的提问策略，这种方法要求推销员针对客户的购买动机开门见山地向其推销，打他个措手不及之后再“乘虚而入”，对其进行详细劝服。在销售中，提问往往比陈述更有杀伤力。

(1) 直接式提问，了解客户需求

客户都有希望被理解的欲望，在他们看来，“你理解其需求”要比“他了解你的产品”重要的多。当然，就算客户没有这样的心理，销售人员也必须首先了解客户的需求，从而就能针对顾客的需要为他们提供恰当的服务，使买卖成交。这时最好采用直接提问法，简单明了。对于一些大客户，是有提前邀约的，所以销售人员在谈话前就应该做好了解客户的功课。要根据实际情况针对最根本的销售目标进行逐步分解，然后再根据分解之后的小目标考虑好具体的提问方式。

(2) 探索式提问，掌握客户心理

在与客户的沟通中，如果你只说不问，就不一定知道客户真正关心的是什么，主要问题在哪里。你应当像个医生一样，通过望、闻、问、切对客户进行正确的诊断，并就诊断结果提出有策略性的问题。要知道在与客户沟通过程中，客户往往不会暴露自己的真实意图。这时就需要销售人员通过巧妙而适当的提问，摸清客户的需要，把握客户的心理状态，透视客户的动机和意向，从而探听到对方底牌。

(3) 引导式提问，“套”住客户钱包

引导式提问常用的方法是连续肯定法，这个方法是指销售员所提问题要便于客户用赞同的口吻来回答。由你告诉客户你的产品有多好，他们一定会怀疑；但引导着让他们自己说出来，那对于他们来说就是真理。也就是说，销售员通过技巧所提出的一系列问题，让客户连续地回答“是”，等到签订单时，由于已造成的有利情况，顾客很容易再作肯定答复。过程中要求推销人员要有准确的判断能力和敏捷的思维能力，每个问题的提出都要经过仔细地思考，才能让客户一“是”到底，从而让其自愿掏出钱包。

心理策略

不能充分了解消费者，就无法满足他们的需求。作为销售人员，关键不在于你说什么，而在于你问什么。提问有助于销售人员了解客户需求，找到应对的策略，从而让销售进程越来越容易掌控。

3. 对客户要多赞美，少批评

俗话说："嘴巴甜一甜，胜过三亩田。"嘴巴甜一点、说话好听一点总是会让人喜欢、令人满意、与人为善。因此，销售人员在销售的过程中可以抓住这点，学会赞美你的客户。不要吝啬你的几句赞美，在客户面前不妨多说些好听话，对方听着心里舒服，于你也不会有损失，而且还会对你的销售产生不可估量的效果，可以说是一举三得的事情。

兴华公司承包了一幢居民楼的建筑工程，必须在合同规定的日期内完工。可是，眼看工程就要完工了，负责供应楼内装饰材料的供应商却声称不能按期交货了。这就意味着整个工程不能按期交工，那样兴华公司将承担巨额的罚款。两边通过电话，讨论、争吵都无济于事。于是负责此项工程的王先生决定亲赴纽约和那位供应商商谈。

王先生刚一进入这位经理办公室的时候就说道："你知道，你的姓在这个地区是独一无二的。"这位经理显得很吃惊："是吗？真的吗？我不知道。"王先生接着说："今天早上我下火车后，就在电话簿中查找你的地址，就发现在地勃罗科林电话簿中姓这个姓的只有你一个人。"

经理说："真的是这样吗？呵呵，还从来没注意过。"他说着就很有兴趣地翻着电话簿，显得很骄傲。

接着这位经理又自豪地说："这个姓可不普通。大约 200 年前，我的祖父从荷兰移民到这里……”他用了很长的时间谈论他的家族史，越说越兴奋，一说就说了好长时间。王先生并没有打断他，而是附和着，适时的称赞他们家族不一般。

等经理说完，王先生又恭维他一个人支撑那么大一个公司，并且比其他同类公司生产的装饰材料都好得多。经理被王先生说的喜上眉梢，心理觉得很舒服。

说着说着还没说到正题就到吃饭时间了，经理坚持要请王先生吃饭。在吃饭的过程中王先生又和经理说了一些其他的事情，却始终没说来访的目的。

饭后，经理说：“现在，我们言归正传。我自然知道你此行的目的，但想不到，你能给我带来这么多的快乐。放心吧，你要的东西，我马上派人给你送过去，即使工作再忙。”就这样，王先生没有提任何要求，就达到了目的。那些材料准时送到，他们也按期交工。

王先生恰到好处的赞美帮他轻松地解决了自己的难题。其实赞美本身并不是什么难事，只是由于各种原因，人们忘了去发现别人的“美”。赞美是人类沟通的润滑剂，对于销售员来说，如果能够运用好这种技能，往往可以取得意想不到的效果。

（1）赞美要自然、真诚

赞美是与客户交谈的重要一环，是良好关系的开端，是拉近彼此距离的无形绳索。但是赞美并非恭维，也非虚情假意。赞美客户时一定要注意言语的恰当和感情的真实，要学会发自内心地赞美你的客户。只有掌握好具体的情境、拿捏好对方的心理，采取有针对性的策略才能取得预期的效果。如果仅仅是空泛、含混地赞美，顾客就很会觉得你很“假”，甚至认为你是有目的的阿谀奉承。这样不仅难以激发对方喜悦的情感，赢得顾客的忠诚，反而会让客户产生戒备之心。

（2）赞美要说到客户心里

女孩子都爱“臭美”，所以对于女性顾客多赞扬她的脸蛋、身材、衣服之类的东西，比如：“您真可爱！”、“这条裙子真漂亮，在哪儿买的？”、“你身材多好啊，我要是像您这样就好了！”等等。男性都好面子，只要你给足他面子，他就会很慷慨。所以要学会赞美对方的事业、才华、义气之类的东西。比如："您真是年轻有为！"、"真够朋友！"、"眼光不错啊，一看就看中我们的镇店之宝了！"等等。赞美也不是随便套两句好话就行的，只有说到客户的心里，才会让他感到真诚，有可信度。

心理策略

人人都爱听好话，这是人之常情。"授人玫瑰，手有余香"你在赞美别人的同时，自己的心情也会更加的愉悦。把话说得好听一些，让客户心里舒服了，自己做事也就顺了，何乐而不为呢？

4. 在饭桌上说对话

"餐桌文化"是一个既古老而又新鲜的话题。销售从来都避免不了一个问题，就是请客户吃饭。有人说80%的单子都是在饭桌上签的，说的并非没有道理。吃饭人人都会，但是请客户吃饭就不是一件简单的事了，想要通过吃饭拿下单子更不是一件容易的事，这里也有很多技巧和学问。

公元前206年，项羽带领部队来到函谷关，但是这里的守军不让他们进去，还说这是刘邦的命令。

项羽听到后大怒，于是命令大军发动进攻，很快就冲破函谷关，到达新丰、鸿门。项羽坐拥40万人马，傲气十足。而刘邦只有10万人马，在霸上驻军。这时候，谋士范增劝说项羽立即攻打刘邦，项羽的叔父项伯与张良有交情，听到这个消息就马上告诉了张良。刘邦见到项伯，请他从中调解，双方约定第二天在鸿门宴会上解决问题。

项伯返回鸿门后，表达了刘邦的意图，项羽接受了。第二天早晨，刘邦亲自来见项羽，双方在酒席宴上谈笑风生。喝酒的时候，范增三次举起佩带的玉玦，示意项羽杀掉刘邦，但是项羽犹豫不决。

后来，范增让项庄到酒席宴上舞剑助兴，想要借此杀掉刘邦，但是被项伯用剑拦住了。接着，樊哙被张良请进来，拿着盾牌气呼呼地望着项羽，头发好像要直竖起来。项羽看到这种情形，就赏给樊哙酒和猪腿。

就这样，双方展开了你来我往的争斗。最后，刘邦借着上厕所的机会走出宴会现场，然后在樊哙等人的护卫下从小路返回霸上，才脱离的险境。

著名的“鸿门宴”是在饭桌上办事的经典代表，项羽想借助这顿酒宴铲除刘邦，而刘邦巧妙闪躲，最终逃离了魔掌，让我们看到了双方斗智斗勇的精彩演出。

与客户吃饭与其说是饭局，不如说是“战场”。在这个战场上，你话说的漂亮，事情处理得当就有可能直接拿下订单；但是稍有差池也会让你一败涂地。所以，销售人员在餐桌的战场上一定要小心谨慎，只有掌握好说话办事的技巧，才能运筹帷幄。

（1）语言要得当，劝酒应适度

一个人的才华、常识、修养和交际风度往往能在餐桌上一览无遗。恰当的谈吐总是会给人留下好的印象，有时一句诙谐幽默的语言也能给客人留下很深的印象。关键是应该知道什么时候该说什么话，语言得当、诙谐幽默很重要。另外，餐桌上总免不了喝两杯，有的人总喜欢想方设法地劝别人多喝几杯，喜欢“以酒论英雄”。其实也未尝不可，但是要看情形，对酒量大的人还可以，对于酒量小的客人或不愿喝的客人就得“见机行事”、适可而止。否则只会让客人为难，降低自己在客户心目中的印象分。

（2）顺序有讲究，主次要分明

在社交场合，饭桌不仅是品尝美味的地方，它还承担着沟通关系、化解矛盾的任务，是我们解决问题的一种有效方式。在饭桌上应该怎样斟酒、敬酒，怎样介绍、表达，都有很多学问与禁忌。一般情况下敬酒应以年龄大小、职位高低、宾主身份为序。吃饭前一定要充分考虑好各种顺序、分明主次，掌握这些内容，才能使我们的行为符合大家的心理认同，从而避免出现尴尬或伤感情的局面。

（3）察言又观色，生意要慎谈

与人交际重在攻心，左右逢源才能畅通无阻。饭桌上最怕的就是不机灵，想要在餐桌上得到客户的赞赏，拿下订单，就必须学会察言观色。餐桌上要眼观四路，酒菜茶是否需要增添，客户是否需要添酒、添茶，餐巾纸是否用完了，骨盆是否需要更换等都要能留意到。这些小的细节远比敬酒更难，做好这些会让客户对你留下深刻印象。另外，在餐桌上一定要正确估价形势，说话要把握好分寸，不要轻易把话题转到生意上来，以免打草惊蛇。

心理策略

饭局是八面玲珑的竞技场，既娱乐又协调社会关系。与客户吃饭关键不在“吃饭”，在“伺候”客户。特别是把客户“伺候”到胃口舒服了，心里舒坦了，面子也有了，那就没有谈不拢、办不到的事情了。

5. 掌握丰富的产品知识

要把产品销售出去，首先你必须了解你的产品，这是做好销售工作的基础，也是一名销售员最起码的职业本能。因为任何销售，只有充分掌握产品知识，它的售价、容量、规格、功能、生产厂家、符合什么认证标准，使用时要注意什么等等，才能把精力放在销售上，否则一切都是无稽之谈。

张徐就职于北京一家机械设备贸易公司，开始进入公司时他负责督导工作与操作重型机械设备，一干就是10年。在这十年里，张徐积累了大量的产品知识。

虽然张徐不是销售员，但是凡是客户有需要的时候，他就耐心地给客户解答一些销售员不能回答的问题。张徐宝贵的产品知识往往能让客户得到明确的、满意的答案，客户当然也对张徐另眼相待。

这些客户再来的时候甚至直接要求张徐为其服务，而张徐只要有时间也总是细心周到地为顾客介绍。渐渐地，张徐开始与客户发展出极佳的关系。不久后，许多客户开始绕过公他的销售员直接向张徐下订单。

问起张徐的销售秘诀，张徐说："销售技巧我懂得并不多，我只是把我知道的知识详细、周到地讲给客户听，并且给他们一个最完善的解决方式。客户自然而然地就被我吸引过来了。"

后来，张徐索性调换了部门，直接去销售部做销售员，两年过后，张徐的个人业绩已经超越了该公司其他的销售员成为了销售冠军。

客户在购买产品之前都会想要了解有关产品的更多知识。如果销售人员无法满足客户的这一基本需求的话，客户就无法了解产品是否适合自己，也就不会做出购买产品的决定。例子中张徐的销售技巧虽然不如其他的销售人员丰富，但是却对产品十分了解，凡是客户能问到的问题，他总是能给出满意的回答，所以才能吸引顾客。

（1）通过培训学习

在公司组织的培训会上，销售员对产品有任何不明白、不确定的地方，都可以提出问题直到完全理解为止。不要觉得问问题可耻，更不要满腹疑问却装出一副完全明白的样子，这样只会给自己未来的销售工作带来极大的麻烦。另外，也可以向同事请教，有时候恰恰因为这简简单单的一句话，就有可能在今后的销售中为自己赢得一个重要的订单。

（2）向客户学习

因为实际使用到产品的人是客户，而且他们也会和其他公司的产品作比较，所以从某种意义上来说，销售人员最好的老师就是客户。销售员必须挤出时间来经常拜访顾客，而且切记在客户面前要以谦虚的态度向他们学习产品知识。客户有时会提出连销售员都想像不到的绝妙点子，而这些点子不但会实现你与他本人的成交，对你未来的产品或者下一个客户的产品是一个改进。

（3）自我提高

在激烈的市场竞争下，很多产品的相关信息会发生变化，因此销售员不能坐以待毙，一定要有自我提高的意识，平时要注意反复阅读产品说明，不断查阅参考数据，掌握产品信息的变化。如果有不了解的地方，也要随时请教领导或产品开发主管。这样不仅有助于提高自己对产品知识的掌握程度，而且会给领导留下好印象。

心理策略

作为销售人员，如果你连自己要卖的产品都不熟悉，不但是对客户失礼，而且也会失去销售产品的资格。只有掌握了丰富的产品知识，才能深入地了解客户的购买动机，才能迎刃而解产品推广方法、定价、产品卖点提炼等问题。

6. 不要把话说得太满

说话不能说满，要给自己留下回旋的余地。所以，在与客户沟通时，不要把话说得太绝对，不要轻易承诺什么，不要太早下评断，不要一味坚持把对方“赶尽杀绝”，让对方没有台阶下，这样就种下了仇恨的种子，对以后的工作绝不是什么好事。俗语说：“人情留一线，日后好见面。”凡事都要留有余地，也算是给自己留条后路。

20 世纪 70 年代初，香港的塑胶原料全部依赖进口，石油危机波及香港，香港的进口商乘机垄断价格，并将价格炒到厂家难以接受的高位。众多厂家被迫停产，濒临倒闭状态。

当时，长江公司本身有充足的原料库存，再加上李嘉诚的业务重心已经转移到地产上，这场危机对他来说并没有受多大影响。但李嘉诚不会袖手旁观的，他不仅对老朋友，更是对整个香港塑胶业负责任。因此，他毫不犹豫地挂帅救业，说到做到，他以实际行动挽救了许多濒临倒闭的公司。

在他的倡仪和牵头下，数百家塑胶厂家入股组建了联合塑胶原料公司。原先，因为许多小公司购货量太小，他们无法直接由国外进口塑胶原料，而现在却不同了，可以由联合塑胶原料公司出面，需求量比进口商还大，因此直接交易。这样一来，进口商的垄断不攻自破。笼罩全港塑胶业两年之久的原料危机，一下子烟消云散。

值得一提的是，当时，李嘉诚还将长江公司的12.43万磅原料，以低于市价一半的价格救援停工待料的会员厂家。直接购入国外出口商的原料后，他又把长江本身的配额20万磅，以原价转让给需量大的厂家。

他因此被人们称为香港塑胶业的“救世主”。然而李嘉诚则说：“我只是尽自己努力，做自己应该做的事而已。并不是什么救世主，我也有救不了的时候。”李嘉诚从不说大话，也不把话说得很绝对。但是但凡他说出口的他就一定会做到。

“待人而留有余，不尽之恩礼。”说的就是说话留有余地的作用。待人办事如此，说话更是如此。总是空话大话连篇的人，难免让人觉得华而不实、难以信任。说话有时要圆滑一点，不要把话说满为好，凡事多些考虑，留有余地，总能给自己留条后路。

（1）话不要说的太绝对

人们在心理上对于绝对的东西有一种强烈的排斥感，越是绝对的东西就越容易引起他人的挑刺。因此，在与客户交往中，即便是绝对有把握的事，也不要把话说得过于绝对，否则就将自己推到了被动的位置，使自己举步维艰。与其给别人一个挑刺的借口，不如把话说得委婉一点。

（2）保证要慎重

对于客户的请托或要求可以答应接受，但最好不要“保证”，除非你有百分之百的把握。否则万一不能达到客户预想的程度，他就会在心底里对你产生不信任。在销售中，应尽量用“我尽量”、“我试试看”等字眼来代替“没问题”、“我保证”。说话就好比战场，无论何时，都要提醒自己，要给自己留余地，使自己可进可退，进可攻、退可守。

（3）说话要圆润

与客户谈话时，即便是理在己方，话说得太直，也会激恼对方。说话要给自己留下一定的回旋余地，这样有了牢固的后方再出击，又可及时地退回，自己依然处于主动的地位。虽然不能保证战无不胜，但是至少不会败得一塌糊涂。讲话圆润一些，给自己留余地，从容地达到谈话的目的。

（4）说话要有根有据

凡事都有一个度，说话要有根有据，不能违背常情常理。事物都有自己存在的道理，人事也有自己存在的情理。若说话只顾夸大事实，因而违背了常理，就很容易被别人抓住把柄。一旦落下了话柄，再想挽回的话就很难了。

心理策略

俗话说：“话不要说满，事不要做绝。”说话办事要讲求把握分寸，给他人留面子也就是给自己留后路。时时处处留有余地是销售中的大智慧，进可攻，退可守，这才是成功的沟通之道。

7. 把话说到点子上

俗话说的好，“言不在多，达意则灵。”说话是一门艺术，得要领者讲话精练，字字珠玑，简洁有力，使人不减兴味。不得要领者冗词赘语，唠叨啰嗦，令人生厌。在这信息爆炸的时代，时间就是一切，所以，销售人员在与客户交往中，说话要简洁，语言要精炼，这样才能与客户在较短的时间里进行有效的沟通。

晓彤是某品牌时装店的导购员。一天中午，一位衣着华贵的太太走进了店里，晓彤热情接待，为其介绍了两套衣服，太太都显得不太满意。

太太提出要自己先看一看，于是便在店里左看看，右看看。转了一圈后，太太看上了一套时装，晓彤连忙帮其取下，让其试穿。太太试了试非常合身，晓彤看得出太太心里很喜欢这件衣服。可是，太太看了看标价，开始犹豫了，又把衣服放了下来。显然她觉得价格太贵，有些于心不忍。

这时，站在一旁的晓彤看出了顾客的心思，于是看似轻描淡写，不经意地说了一句："刚才某某部长夫人也看上了这套时装，和您一样也觉得这件时装有点贵，刚离开没一会儿。"话音刚落，那位太太又拿起了刚放下的衣服说："我是觉得这件在外面挂着有些落土了，你再帮我拿件新的出来吧。"最后痛快地买下了这套时装。

晓彤为让那位太太下定决心买下时装，可谓用心良苦。她巧妙地抓住这位太太"自己所见与部长夫人略同"和"部长夫人嫌贵没买，而自己要比部长夫人更强"的心理，用激将的方法达到了自己的目的。虽然晓彤只是看似不经意地说了一句话，但是说到了点子上。在关键时刻，简简单单的一句话，只要能说到点子上，就往往能起到四两拨千斤的奇效。

工欲善其事，必先利其器。好胳膊好腿儿，不如一张好嘴儿。在销售中，每进行一场交易，都少不了一番舌战；每一个环节都离不开一张巧嘴。"巧"不在于话的多少，而在于能否说到点子上。那些商场上的胜出者，无不是口才出众、巧于言辞的人。

（1）言简意赅，不啰嗦

谈话中，言之无物的空话，装腔作势的假话，与主题无关的废话要尽量避免，听话者往往对此极为厌烦。言简意赅，短小精悍的讲话，听话者才感兴趣，便于理解，也容易记住。恩格斯说过：“言简意赅的句子，一经了解，就能牢牢记住，变成口号，而这是冗长的论述绝对做不到的。”所以说话时应多用短句，少用长句，做到要言不烦。由于短句易说易听，简洁有力，活泼明快，因而可以表现激昂的情绪，坚定的意志。简洁精炼的话语，包含着说话者高度浓缩了的思想感情、智慧和力量，因而容易把话说到点子上。

（2）揣摩客户心理

与客户说话，与平常说话有很大不同，你不能随心所欲的乱侃一通，那样会使自己失去很多机会。每个客户的需求、性格、处事方式都有很大的不同，因而心理也会不同。只顾自己滔滔不绝，对每个客户都千篇一律的销售员是成不了大气候的。因此，销售人员说话时，要学会揣摩着客户的心理说话，把话说到点子上，说到客户的心窝里。只有这样才可能在人才济济的销售“战场”中脱颖而出。

（3）谈话围绕主题

行驶在大海中，无论是大船还是小船都要以灯塔为导航的参照，这样才不会迷失航向。与客户沟通时，无论是大事还是小事，都必须围绕事先拟定好的目标，这样沟通才会顺畅。很多沟通都是刚开始沟通，便抛弃了沟通目标。一段连主题都抛弃了的谈话，即使说的再多也只能是徒劳。事先拟定好沟通目标，将谈话紧紧围绕沟通目标再略施小计，就很容易将话说到点子上，也将会有另一番光景。

心理策略

纵观古今中外的风云人物，无不具有良好的口才。当然，并非每一个人都能口吐莲花，但是至少要把话说到点子上。在与人沟通中，抓不住说话要领的人只会事倍功半，永远也无法业绩卓著。

8. 做销售永远不能说的七句话

俗话说：“祸从口出”。人人都会说话，不见得人人都能说得“好”。良好的客户关系很难建立却很容易被毁掉。在销售中，因一句话而毁了一单生意的现象比比皆是。销售人员若能避免失言，业务也就肯定百尺竿头。

下面这七句话是销售人员在面对客户时要尽量避免的，否则当你的一切努力因一句话而付诸东流时，后悔也来不及了。

（1）“不可以。”

永远不要对一个客户说不，要说：“是的，我们可以。”人人都不愿意被拒绝，不是因为目的没有达到而心里失落，而是不喜欢被拒绝的感觉。在销售中，多给客户肯定的回答会让他们在心理上觉得你是很有诚意的。就算客户的要求真的很苛刻，没有办法无条件实现，那就先肯定，再附上条件就好了，这样客户更容易接受。譬如：“是的，我们可以，但是这样做的代价是……”

（2）“这不归我们管。”

客户既然在你这里消费，你就应该为其提供全面的服务，而不应以“这不归我们管”推脱责任。就算真的不在你的服务范围内，也应耐心、细心地告知客户应该去哪里，找谁解决问题。试想若你购买的某个产品出了问题，商家却说这不归他们管时，你是怎样的感觉？下次再有购物需求时还会去这个店吗？

（3）“你确定吗？”

永远不要直接地怀疑客户的陈述和表达。面对客户提出的意见要试着去理解，去沟通，否则只会使本来已经糟糕的情况变得更糟糕。客户愿意提出一些自己的看法说明他对产品是感兴趣，如果这时你说一句

“你确定吗?”就相当于否定客户的意见，定会让客户感到心里不舒服。应该说一些诸如“您能清楚地再跟我说一次吗，我没理解过来您的意思?”的话来核对客户的用意。

（4）“你懂吗?”

有些销售人员怕客户不理解，总是会习惯性的问：“你懂吗”“你知道吗?”“你明白我的意思吗?”。然而研究表明，这种长者或老师的口吻的质疑往往会让客户感觉得不到起码的尊重，从而产生逆反心理，可以说是销售中的一大忌。销售人员应该明白，客户往往比我们聪明，不要随意怀疑或否定他们。若想探得客户是否真得理解了，可以用试探的口吻了解对方，可以用“需要我再详细说明的地方?”之类的语言代替，这样客户会比较好接受。

（5）“这个我们是不允许的。”

或许客户的某些要求确实违背了你们的政策，但是不要总是拿公司的条款“压”客户。公司条款是给公司人制定的，与客户无关。除非你在给每个客户介绍产品之前都先普及一下你们公司的条例或政策的情况下可以提及“我们不允许”这样的话，否则就尽量找到一种解决问题的方法。想像一下你是一个消费后才发现特殊商品不能退货的客户，你会有什么样的感觉？你只会感觉销售人员在故意推脱责任。

（6）“我们产品是最好的。”

产品永远不存在最好，只有最适合。任何一个产品，都存在着好的一面，以及不足的一面，作为推销售人员理应尽量了解客户的购买需求和用途，然后站在客观的角度，清晰地与客户分析产品的优与势，帮助客户“货比三家”，再根据具体情况为其推荐最适合的产品。永远不要在销售中说：“我们产品是最好的。”客户都不傻，才不会去相信你的话，说不定还会产生逆反心理。任何的欺骗和夸大其辞的谎言是销售的天敌，它会致使你的事业无法长久。

（7）“我试试看……”

客户关心的是结果，而不是你的努力。不要试图通过“尝试”来暗示你正付出额外的努力为客户争取什么。在客户看来这都是你应该做的，而不应还在这里邀功。如果客户提的要求真的不在你所能决定的范围内，请告诉对方："我会尽量帮您争取，请稍候。"虽然只是一句话的差异，但是却会产生不一样的效果。后面这种说法会让客户觉得你是在为他的利益而战，自然会对你产生亲近感。就算最终要求没被满足，也会考虑是否是自己的要求太高。

心理策略

口无遮拦对你的销售只能是有害无益。说话只是碰碰嘴唇的事，然而因为不经意的一句话而惹怒客户，丢掉生意就不值得了。销售人员在面对客户的时候，要学会先站在对方的角度思考问题，再张口说话。

9. 巧出主意促进成交

在成交的过程中，销售人员必须循循善诱，引导客户作出购买的决策。在此，我们可以采用"出主意式成交法"，通过游说实现赢单。

顾名思义，"出主意式成交法"是替客户出主意或进行参考意见，让客户感觉到你是在为他做事，使他对推销不进行断然拒绝，最后达到成交的目的。把握好这个技巧，重在把话说到客户的心坎里，让他们自己主动成交。

有一次，原一平的朋友替他写了封介绍信，介绍他拜见一家建筑公司的年轻经理。这位年轻的经理瞄一眼他带来的介绍信，说："如果你想谈的是保险，我可没兴趣，一个月前我才又投保了一家保险公司。"

对于经理断然拒绝的态度，原一平很想进一步了解，所以大胆问了这个问题："山田先生，你是怎样开始投身于建筑界的？"

山田望着虔诚地看着他的原一平谈起了自己的创业史。原一平整整听了三个多小时。后来他的女秘书进办公室请他签份文件，女秘书走后，山田看了原一平一眼，没说什么，原一平也回敬他一眼，没有开口。

过了一会，山田说："你希望我做什么？"原一平回答："想请您回答几个问题。"于是，双方展开了问答。

当原一平离开他的办公室之前，已很了解山田先生——他的希望、野心和目标。在访问他的过程中，山田曾说："真搞不懂！我怎么会告诉你那么多有关我自己的事，我从来没有对任何人说得这么多，包括我的妻子。"

接着，原一平向他道谢，并告诉他自己要对他所说的话做点回馈。两周之后，原一平替他拟了份计划书，其中包括其事业、公司的未来发展。

看到计划书，山田大吃一惊，对原一平深表感激，并且采纳了他的部分建议，不用说，这第二次见面彼此之间的感情拉近了许多。

那天中午时分，山田要原一平跟他一起进午餐，原一平笑着说还有别的事，请求离开。山田笑了，开心地说："我们俩都成朋友了，这样吧，我保100万的人寿险，而且我公司的副经理也保了100万元的险，财务秘书也保了25万。"就这样，原一平轻轻松松地成交了。

（1）明确客户未来的预期是什么

客户心里到底在想什么，他的需求是什么，或者他对公司的发展有什么战略设计，这些问题才是客户真正关心、在意的东西。因此，销售人员在给客户出主意的时候，一定要有这方面的考虑，并有独到的认识。需要注意的是，如果你的意见没有达到相应的高度，还是不说为妙。

（2）提供建议，而不是去命令

需要明确一点，销售人员给客户提供主意，应该是建设性的，把各种可能的设想告诉对方。或者，提供一种有明确指向的策略，供客户选择、判断。至于最后是否被采纳，并不是销售人员关心的问题。也就是说，销售人员不能越俎代庖，替客户拿主意。

(3) 不表现出功利性，而是用专业说话

销售人员累积了经验以后，见多识广，加上庞大的客户群，这些都为他们的见识、意识提供了无限可能性。所以，为客户出主意的时候，一定要用专业的分析来说话，不可掺杂个人情感因素，更不可能为了私利从中牟利。只有做到这一点，客户才会接纳你，而不是处处提防你。

心理策略

如果从心理上让客户接纳你的意见和建议，你必须站在客户的立场上想清楚几个问题，那就是我为什么要听你的？你的建议有什么价值？你的真正目的是什么？作出合乎商业规范的建议，并能够被客户接纳，才会有成交的可能。

第八章

心理暗示术

——赢单的关键是让客户不知不觉说“是”

戴尔·卡耐基曾经说过：“人是不可能被说服的，天下只有一种方法可以让任何人去做任何事，那就是让他自己想去做这件事。”在销售中，销售人员要善于通过心理暗示把你的观点在不知不觉中渗入到客户的内心，使其在潜意识层面形成一种心理倾向，这也是赢单的关键所在。

1. 用潜意识拿下你的客户

“从小处去观察人性”这句话并非没有道理。销售人员的一举一动，哪怕是非常细微的行为都会有他的影响力在。虽然这些小动作影响客户对你的看法只是刹那间的且只有几秒钟便会被放在客户潜意识的信息夹中，但是当他需要对你个人做出评价的时候，这些信息就会被调阅出来成为参考依据。

当然，你也可以通过潜意识去引导你的客户。你对客户的喜好了解的越多你就越容易能够接近客户。要学会掌握客户的心理，平常接触中就开始去满足和引导他的潜意识。另外通过注意自己言行举止的小细节，也同样会使客户在自己的潜意识里对你留下好的印象，关键时刻也同样会起重要作用。

有一个真实的故事，有一个十一二岁的小姑娘，想买一辆自行车，父母要她自己去赚钱，她利用暑假、寒假、放学的时间去卖饼干，竟然在一年时间卖出了四万包。公司的人发现全公司没有人能卖出这么多饼干，这个十二岁的小女孩只是打工竟然打破全公司纪录，专家开始研究那们小孩是怎么做到的，研究之后发现小孩子用了对比原理，也就是一种潜意识说服。

她准备一张价值三十块钱的彩票，她每次去敲人家门的时候，她卖的是彩票，她一敲门就先自我介绍说自己想要买一台自行车，放假时间来卖彩票，三十块钱，如果你运气好可以赚到一百万，大家都觉得彩票太贵，但她一直坚持说服人家，大家都很同情她，但都说太贵了。这时女孩马上拿出十包饼干，一副很可怜的样子说：“那这里有十包饼干两块钱，你买吧？”马上就会有人买了。

对比原理也是一种潜意识说服，应用于生活与事业当中效果非常明显。小女孩就是用对比原理，让客户用潜意识去告诉自己：“两块钱很便宜，自己应该购买。”所以小女孩一下子就能卖掉十包饼干。

要想拿下订单，最好是让客户自己的潜意识去告诉他应该购买这样商品。当然这并非易事，需要你去影响他的潜意识，让他觉得产品对自己很有帮助，价格合理效能又高；让他觉得你很诚恳，很专业，很负责；让他觉得跟你购买产品可以得到超值的服务。

（1）用微笑和赞美接近客户的潜意识

人都是感情动物，会因为情绪的波动而影响购买行为。销售过程中，销售人员的微笑和赞美往往能使客户不知不觉的陷入“感情的漩涡”。有人说笑容是最好的国际语言，当笑容出现的时候冰山都会被其融化，而笑容也正是接近客户潜意识最好的方法。除此之外，赞美也往往能接近客户的潜意识。出自于内心的赞美会令人心花怒放，一个失败的销售人员可以从一百个优点的地方查找缺点而去批评，而一个成功的销售人员可以从一百个缺点的地方查找一个优点来赞美，这就是一个成功的销售人员为什么会生成不同价值的地方。

（2）用专业的知识影响客户的潜意识

顾客潜意识中需要的其实是安全感。应对挑战的时候，一定要抓住根本。顾客需求越来越快的变化主要指的是顾客的表面需求，而深层次的潜意识中的需求，也就是安全感的需求并没有太多的改变。在销售时千万不要流于形式，要想影响客户的潜意识，最好就是让客户的潜意识去告诉他：这个销售人员很专业，很负责；跟他购买商品可以得到超值的服务。当你用你的专业知识征服客户，入侵他的潜意识时就相当于一只手已经拿到了订单。

心理策略

巧妙地去研究顾客的潜意识思维，并运用针对性策略驾驭和引导顾客的潜意识思维，是除了做好常规的推广外，会使你的策略方案更加有效，能让你的产品更加旺销的必杀技。

2. 沟通中多使用肯定性的话

俗话说：“良药苦口利于病，忠言逆耳利于行。”但是销售中并非如此，逆耳的话还是要慎说，否则只会使双方之间的关系变得不融洽。其实，良药何必非得苦口，忠言又为何一定要逆耳呢？在交流中，多说一些肯定性的话，肯定客户的为人、能力、处事，哪怕是衣服都往往会对交易的顺利进行起到重要的作用。

汪杰决定买一辆新车，于是，他开着原来的旧车来到车行选购。车行老板替他打开车门后说：“呦，您这车子可真够漂亮的啊，在我见到过的二手车子中算好的。”汪杰一听车行老板说自己的车子漂亮，连忙表示感谢，并且告诉老板说自己也非常欣赏这辆车。车行老板接着说：“这样吧！让我把估价员叫来，看看我们能给您这辆好车付多少钱。如果这辆车的机器也像外表一样好的话，今天就可以作成以旧换新的交易，包您满意。”他找来了估价员，一起跨进车子，开走了。

当他们回到停车场后，车行老板再次重复说：“汪先生，这确实是一辆好车。机器的情况比外观还要好。”老板顿了一下，接着说：“当然，请不要误会，我很高兴您能到这里来，但我又有点儿好奇，您为什么在这个时候要把这么漂亮的一辆好车换掉呢？”其实，他心里非常清楚对方打算换一辆汽车，就一定有他自己的道理。汪杰说：“实话告诉你吧，大约再过三个礼拜，我们要在密西西比州举行一次家庭聚会，我想如果能驾着一辆凯迪拉克牌子的汽车去那里，就太完美啦！”

车行老板一听，马上就表示汪杰此举会使他在那次聚会中非常有面子，并开始计算，几分钟后他抬头望着汪杰，以激动的声调说：“汪先生，报告您一个好消息，由于您那辆车的状况良好，与众不同，您只要再付 82145 美元，就可以换一辆新的凯迪拉克啦！”其实这个价钱不算优惠，但是刚才和车行老板交流的比较愉快，且拒绝了面子上也过不去，所以最终平静地接受了这笔交易。

言语很有影响力，能够影响生活的方方面面。学会用来鼓励和肯定的话来赞美你的客户，“迷惑”你的客户，让他心甘情愿地打开钱包。

（1）认同客户的观点

客户的观点或许并不一定正确，但是想要让客户认同你的观点，你就得先“认同”他的观点。这样作为“礼尚往来”，客户才可能放下戒备心理，从而开始试图接受你的观点。如果某些销售人员只是为了逞一时英雄、图嘴上痛快，而去出口否定客户的观点的话，后果可想而知。

（2）理解客户的心情

人人都渴望被理解。而且，人们往往对于能够理解自己的人会产生一种莫名的亲切感。所以，销售人员应该尽量地站在客户的角度，理解他们的心情，掌握他们的心理，从而引导其达到自己的目的。

（3）感谢客户的建议

客户的建议往往是其内心最真实的需求。有时候客户提的意见连专家都想不到，它独特而真实，蕴藏着巨大的商机。所以，学着感谢客户的建议，不但能给客户留下一个好的印象，也能使自己的销售水平得到提高，甚至还有可能开创出新的市场。

心理策略

一个人只有不断地被肯定、被鼓励，才能激发出内心的潜力。细心观察会发现，当我们以一种肯定的态度与他人说话时，很容易获得对方的好感。所以，在销售中，销售人员应该给予客户多一些肯定，一两句肯定的话不会费很多事，却会起到意想不到的效果。

3. 隐晦表达更容易被接受

俗话说："责人要含蓄"，意思就是说指责他人过失的时候，应该采取灵活的方式把自己的信息透露给对方，而不要把心里的想法完全表达出来，这样才能收到良好的效果。不光是指责，就是向他人提建议也不应过于直接。隐晦表达更加耐人寻味，也更容易让人接受，收到言有尽而意无穷的效果。

一位女士到商场去买皮鞋，销售员小蕊给她介绍了好几个款式，结果那位女士不是觉得款式太旧，就是嫌质量不好，要么就是觉得颜色不合适。小蕊忙活了半天，也没有为客户找到一双合适的鞋子。但是小蕊却没有抱怨，而是很真诚地向女士道歉说："小姐，真是不好意思，浪费了您这么长的时间，也没有为您找到一双合适的皮靴，真是抱歉。"

听到这样的话，那位女士反而觉得过意不去，对小蕊说："没关系，我再转转，或许可以找到一双合适的。"其实这位女士是看好一双鞋子的，只是觉得价格太贵，不好意思说，才一直犹豫。于是女士又一次转到那双鞋子的前面，拿起来端详。

小蕊立即过去对她说："这款皮鞋是今年上市的新货，属于休闲类的。穿起来也很时尚，喜欢的话您可以试一下。"

女士又开始犹豫了，她说："不用了，我先看一下，不过相对来说，这双鞋子我还是比较喜欢的。"

小蕊说："没关系，您试一下吧，不合适可以再找别的。"

面对小蕊亲切的服务态度，这位女士虽然还是觉得价格有点贵，但最终还是下定购买决定，并保证下次还来小蕊这里购物。

例子中小蕊没有抱怨，但是正是因为她的这种做法使得顾客最终下定成交的决定，从而达到了预期的目的。这就是隐晦表达、难得糊涂的处世技巧。善于隐晦表达，则会举重若轻，让彼此心照不宣地达成妥协。

（1）智者隐晦含蓄，蠢人口无遮拦

隐晦含蓄的表达是一种语言的艺术。这种表达比直截了当地表达更能体现一个人的语言修养。有些销售人员往往性格直爽，直言不讳，甚至刚见客户就大大咧咧的来一句：“你穿这件衣服真难看。”虽然你是无心之过，但是容易伤害对方的自尊心。隐晦委婉的表达既礼貌，又容易让人接受。中国人讲究曲径通幽的含蓄美，虽然条条大路通罗马，但是怎样通还是有明显差别的。工作中，很多问题都可以用隐晦婉转的语言来表达，既可免除怨怒又可促进尊重，还能让人与人之间充满友好和谐的气氛。

（2）直话易伤人，最好绕个弯

在待人处世中，直言直语是一把伤人伤己的双面利刃。在与客户说话的时候，少直言指出对方的问题，能不讲就不要讲。要是碰到一些让人不便、不忍或者是语境不允许直说的话题内容，这个时候就要将“辞锋”隐遁，让语境软化一些，好让听者容易接受。说话要学会让自己的舌头打个弯，正话要反说，硬话要软说。那些直言、不中听的真话还是暂且搁住，以免对方生厌，这是成功处世的经验之谈。

（3）用隐晦打破尴尬场面

隐晦是一种巧妙和艺术的表达方式。人际交往中，对于容易造成尴尬局面的话题，有些人往往是避而不谈。但一味消极逃避未必是最佳选择，况且有些事情不得不面对，这就必须讲究策略。譬如在求人办事的过程中，当我们很想表达一种内心的强烈愿望，但又觉得难以启齿时，不妨利用隐晦表达的方式使尴尬话题巧开口。隐晦能体现出一个人的知识素质和处世态度，也体现了对对方的尊重和对自己的尊重。一个斤斤计较、心胸狭小的人是很难做到宽容大度地连用委婉语言的。宽容是一种美德，隐晦表达体是这种美德的外在表现。

心理策略

说话办事，过于直白会让对方感觉到不舒服，强化彼此冲突，出现关系紧张的局面，最终难以收场。学会隐晦表达，是给对方留面子，使其更易于接受，也同样是给自己留有回旋的余地，进可攻退可守。

4. 有效地预防被客户拒绝

拒绝只是客户的习惯性的反射动作。人们总说：“销售是从被拒绝开始的”，但是对于销售人员来说，不能永远停留在销售的开始阶段。不想被行业淘汰就必须将客户的部分拒绝变成认同，只有这样你才有可能有所发展。

潘生是某灯具公司的推销员，这天他来到负责“慧颖小区”居民楼建设的程天公司经理的办公室。

刚一进门，潘生礼貌地向经理打招呼：“您好王先生，我是申阳灯具公司的潘生，是这样的……”不等潘生把话说完，王经理就打断说：“你把名片和资料放着吧，我回头再看，现在没空。”

潘生知道王经理是在拒绝自己，可是并没有退缩，而是说：“王先生，我们的资料都是精心设计的纲要和草案，必须配合人员的说明，而且要对每一位客户分别按个人情况再做修订，等于是量体裁衣。我们只要花 25 分钟的时间，麻烦你定个日子，选个你方便的时间！我随时都可以过来！”

王经理有些诧异地抬头看了一下潘生，对所谓“量体裁衣”的用心设计立马产生了兴趣，犹豫了一下说：“我明天可能要出去出差一个星期，但是我现在又得去开会，可能要一个小时，你……”潘生连忙说：“没有关系，如果您不介意的话，我可以在这里等您。”

一个小时过去了，当王先生回到办公室的时候，潘生递给了王经理一张南京的公交图："刚才听说您要去南京出差，所以闲着没事，出去买了张公交图，希望能给您提供方便。"王经理看着这个小伙子，顿时产生一种好感。后期的生意当然谈的很顺利，潘生成功的拿下了这笔订单。

销售人员必须做好被拒绝的准备，当面对客户的拒绝时，不要慌张，更不要放弃。持之以恒，冷静思考，以镇静自信压过对方的态度，突破对方拒绝的壁垒。

（1）有备而来，不打无准备的仗

有备而来，主要"备"三件事。首先，做好被拒绝的心理准备。推销有百分之九十九的几率会被拒绝。提前做好被拒绝的心理准备，即使届时真被拒绝才不会受创太深，也较不会心情欠佳而影响冷静思考。其次，要提前预约。无论再如何冷静的人，若在忙碌时突然被素不相识的人打扰，一定会心生不悦。这时，你被拒绝的可能性就会很大，所以拜访客户前一定要先电话预约，生意谈不谈得成是一会事，但至少访谈时的气氛会顺利些。再次，要提前掌握客户的信息。知己知彼才能百战不殆，当你掌握了一个人的性格、脾性、处事风格之后再与其交谈，就很容易"投其所好"。

（2）不急不躁，坚持不懈

当客户拒绝购买产品时，不要以严肃的态度来面对，更不要表现焦躁，否则很可能会导致不欢而散的场面。不管客户说什么都不要正面与他唱反调，因为和客户产生磨擦的话，业销售人员百分之百是输家。要学会察言观色，或许人家真的是比较忙呢？那就尽量争取再约下一个时间。做销售一定要有持之以恒的精神，只要你坚持的住，就不怕客户不会被你打动。但是，坚持并不等于死缠烂打，要以礼貌为先。只要能让客户记住你，并且留下好印象，就算这次他没有和你合作，下次有机会也一定会想到你。

（3）争取客户的好感，要用热情感化对方

销售人员对于客户来说是陌生人，要接近客户就要突破客户的心理防线。顾客是否对销售人员有好感直接决定了交易是否达成。一般来说，争取客户的好感有多种方式，适当地恭维是不可忽视的其中一种。恭维客户，必须首先去发现客户可以恭维的地方，要发自内心的赞美客户才能让客户得到满足。以理服人不是上上策，要以情动人，要以自己的热情和赞美来感化客户，让客户不自觉地将拒绝的借口消除掉。

心理策略

拒绝对于销售人员来说可谓是家常便饭，所以，面对拒绝时不要气馁，也不要慌张，要学会用坚定的信念和灵活的技巧突破客户的心理防线，最后成功地"拒绝"客户的拒绝。

5. 尽量让对方说"是"

让对方说"是"，是一种沟通的艺术。在一开始交谈的时候，就能让客户说"是"会让这次谈话有一个好的开端。这会让谈话在愉快的气氛中展开且易增进感情。

王猛是一名银行职员，所有工作的原则必须完全按照银行的规章制度来办。但是，有一天，他突然想，最好不要谈及银行需要什么，而是客户需要什么。所以，他决定一开始就先让客户做出肯定的回答。

第二天，有一位前来存款的年轻客户拒绝填写表格中的某些资料，若是以前王猛一定会告诉客户："这个必须填写。"但是今天他却说："其实这一栏并不是非写不可。但是，假如你碰到意外，是不是愿意银行把钱转给你所指定的亲人？""是的，当然愿意。"客户回答。"那么，你是不是认为应该把这位亲人的名字告诉我们，以便我们届时可以依照你的意思处理，而不致出错或拖延？”“是的。”他再度回答。

这时，年轻人的态度已经缓和下来，知道这些资料并不只是为银行而留，而是为了他自身的利益。所以，最后他不仅填写了所有的资料，而且在王猛的建议下，开了一个信托账户，指定他的母亲为法定受益人。当然，他也回答了所有与他母亲相关的资料。

由于刚开始时王猛就让客户做出肯定的回答，这样反而使客户忘了原本所坚持不愿回答的问题，而高高兴兴地去按照王猛的建议做了许多事情。

这种让对方说“是”的沟通技巧让王猛挽回了一位差点失去的客户。由此可见，一个销售人员想要成功，学会让客户做出肯定回答很重要。让客户说“是”意味着双方的交流是“启示式”或“询问式”的，这种方式的交流比普通的交流更有效。

（1）避开分歧不谈

跟客户谈话时，不要一开始就谈论一些双方可能有分歧的事，那样只会令气氛紧张，谈话无法顺利的进行下去。聪明的做法应该是先强调双方都同意的事，并且不断地强调。最好能得到“是，是”的反应的问题，这将会对交易的成功起着举足轻重的作用。中国有句格言：“轻履者行远。”其中包含着深刻的哲理，积累了极其丰富的人生经验。

（2）说话要让客户信服

想要得到客户的肯定回答，首先得保证你的话要能让客户信服。这就要求销售人员有扎实的产品知识功底和极好的口才。另外主观性的议题，作为推销人员应尽量杜绝，最好是做到避口不谈，这对你的销售有好处。有些销售人员在与客户的交往过程中，难免无法有主控客户话题的能力，往往是跟随客户一起去议论一些主观性的议题，最后意见便产生分歧。面对这种情况，不要和客户“上纲上线”，应先随着客户的观点，一起展开一些议论，与其产生“共鸣”，然后适时将话题引向推销的产品上来。

（3）通过提问让客户说“是”

客户都有一种共同的心理，即认为说“不”比说“是”更容易和更安全。但是要知道客户说“不”对于销售来说是很不利的，所以，销售人员在向客户提问时要尽量设法不让对方说出“不”字来。这样的方法有很多，其中一个就是在一个问题中提示两个可供选择的答案，两个答案都是肯定的，让客户没得选。例如，想要与客户约定见面，可以问：“您看我是今天下午2点钟来见您还是3点钟来？”

心理策略

在销售中，若能一开始就让客户说“是”，就已经成功了一半。让对方说“是”，最有效的方法是把要说的话说对。若能巧妙地运用技巧，让客户连续说“是”，那么成交就有九成的把握了。

6. 利用客户怕买不到的心理

得不到的永远是最好的，吃不到嘴里的永远是香的。在销售中，这个道理同样适用。人们常对越是得不到、买不到的东西，越想得到它、买到它。这种欲望被禁止的程度越强烈，抗拒心理也就越大，购买的动力也就越大。所以，销售人员要善于利用客户的这种心理倾向，让客人乖乖的下单。

在一个炎炎夏日，某百货商店经理的心里很着急：防寒衬衫大量积压，本季度的销售计划肯定无法完成。他正苦苦思索对策时，突然看到街对面的水果店前排着长队，人们在买苹果，不断有人叫喊：“每人只能买一斤！”

于是这位经理计上心来。他立即拟写了一张通告，吩咐售货员说：“未经我批准许可，不准多卖一件！”五分钟过后，一位顾客走进经理办公室："我有一大家子人……""很抱歉，我实在无能为力。"顾客正转身要走，经理说："好吧，卖给你三件。"并写了一张条子送给喜出望外的顾客。这位顾客一出门，一个男人闯进办公室就大声嚷道："你们根据什么限量出售衬衫？""根据实际情况，"经理毫无表情地回答，"我破例给您两件吧。"

就这样，有一个年轻人竟然在一个小时内几进几出，买了大批衬衫。这时，经理的电话铃响了，经理有点应接不暇了。后来，百货商店门口竟然排起了长队，赶来维持秩序的警察，也都优先买了一件衬衫。到了下午，这位经理又想出一个窍门：出售衬衫搭手帕。顾客们虽然怨气冲天，但仍争相购买。傍晚，所有积压的衬衫被抢购一空，经理的脸上露出了不易察觉的笑容。

"你不给，他偏要！"这是人类普遍存在的一种逆反心理。例子中的经理正是运用了客户"怕买不到的心理"吸引人们的注意并让人们抢购认为难以得到的东西。销售中若能掌控客户的心理，商品畅销也就是自然而然的事情了。

（1）限量购买

我们经常在大型卖场中看到这样的促销活动："每人限购一件，售完为止。"看似，销售人员自己限制了销量，实则恰恰相反。营销专家的指点，这种"限量版"销售方式，吊起了很多顾客的胃口。他们都怕自己买不到而"吃亏"，所以争先恐后的为商家做贡献。你不卖给他，他偏偏要抢着买，这就是人类心理上的共同特点。

（2）最后一批

销售人员在销售中可以使用"物以稀为贵"这一招数。因为当客户的心理需要得不到满足的时候，反而会更加刺激他强烈的需要。比如说，当客户看好一件产品，本身也很喜欢，可是就是迟迟不肯下单。这时销售人员可以利用其"怕买不到"的心理告诉他："由于各种原因，这一产品暂且不会出了，这是最后一批了，特别抢手。"这样的说辞往往能激起客户的购买欲。如果告诉顾客"我们这货太多了，您随便挑"，顾客就会感觉自己选择的余地很大，完全没有必要花大价钱买你的东西。

（3）很多客户抢购

我们常说：“吃饭的人越多，饭越香”。其实香的不是饭而是人多。销售中也是同样的道理，抢购的人越多，就会有越多的人想要抢购，生怕自己吃了亏一样。一个朋友曾给我讲过她的一次购物经历，说那天她在商场看上了一件衣服，只剩一件了。她虽然本身很喜欢，可是因为价钱太贵所以很犹豫要不要买。就在她准备放弃的时候，另一个客户试图从她手里接过那件衣服，就在那一刹那，朋友毅然决然地掏钱买下了那件衣服。其实促使朋友下定决定的也是“怕买不到”的心理。

心理策略

细心观察会发现，销售人员越是苦口婆心地把某商品推荐给客户，客户就越会拒绝。销售人员应该尝试着适当的利用客户“怕买不到”的心理来促成订单，说不定会有意想不到的惊喜。

7. 在“报价”上下足功夫

刚一开始吸引客户的不是你的产品，更多地在于价格，这就体现了报价的重要性。报价看似很简单，其实不然。报价太高，会把客人吓跑，太低自己又吃亏，只有一个合理专业的报价，才能为我们赢来更多的客户。报价的理念是，首先给客户一个关于价格和产品情况的概念，让客户想要继续了解产品的具体情况。其次，在不了解客户心理价位的情况下，报价的同时应该给客户留下讨价还价的兴趣和空间。

我们在商场里经常会看到99元的商品，99与100只有一元之差，店家为什么不干脆标成100元呢？

根据专家的经验，99元订价的意义有两个方面，就是对消费者杀价行为的委婉拒绝与降低消费者的对抗心理。商品价格订在99元，大约可以断定是卖方从110元或更高的价格降下来的，等于卖方间接告诉顾客：开价就是底部价，谈判由我主导。赔钱生意没人做，既然已经降到底线，买主也不耗费时间来杀价了。此外，整数订价给人价格等级的感觉，100元和99元虽然只差了1元，但感觉却贵了很多，而有等级差别，也产生了消费对抗心理。

我们也常常碰到商家会把价钱定在“8”上，这又是为什么呢？

研究表明，“8”往往最有诱惑力的价格。因为价格一旦订在8，顾客马上就会出价5或0来压价，我们最常听到的杀价过程是：

销售员：“这个卖180。”顾客：“算便宜一点，150好啦！”

销售员：“不行，那太便宜了，我还赚什么钱？”顾客：“那算我170可以吧”

面对“8”的要价，买家的出价一定是5或0的整数，从来不会有人说：“这个算我156吧？”客户往往是先出价150元再妥协到170元。所以说“8”的报价很有诱惑力，一旦报价有价格诱因，让买家有想出价的欲望，就等于一个好的开始。

报价并不是盲目的要价，而要讲求技巧。除了例子中所说的“9”和“8”的运用之外，好的报价更在于销售人员对客户心理的准确把握。

（1）报价前充分准备

报价前要认真分析客户的购买意愿，只有了解他们的真正需求，才能拟出一份有的放矢的报价单。有些客户将价格低作为最重要的因素，一开始就报给他接近你的底线的价格，那么赢得定单的可能性就大。但是价格并不是越低越好，对于看中产品质量的客户，低价格不但对他没有吸引力，还会将其推出门外。除了了解客户外，还要作好市场跟踪调研，清楚市场的最新动态，掌握市场价格变化，因为“随行就市”报价才可能促成买卖成交。

（2）报价时讲究技巧

在跟客户报价之前，你首先要对自己的产品及价位，主要目标市场及同行产品及报价情况比较了解。然后尽可能从多方面先了解客户情况，这样更有助于您有的放矢地报价。报价要讲究步步为营，千万不可以一步到位，否则没生意可做。要高要价，慢让价，让客户慢慢尝到甜头，看到希望，但又要通过艰苦努力获得，让客人最后有一种赢了的感觉。当然所谓的“高要价”也不能太离谱，否则不等你让步客户就被吓跑了。

（3）报价后巧妙跟进

一般来说报价之后不要立马跟单，可以先具体地给他介绍一下产品。这样一方面可以让客户更好地了解产品；另一方面也给客户一个考虑的机会。等你觉得客户考虑的差不多的时候再去跟单。但是要注意的问题是：不要直接提价格，不要问客户是或者不是的问题，因为这极有可能是否定的答案。你可以跟客户说他们要的产品你们有现货，如果下单，交货期可能会缩短等等。这些是让客户知道，不只他们要这种产品，这样就有一种认知：我们的产品很受欢迎，要下单就得快。

心理策略

报价是销售的第一个环节，掌握得好不好直接关系到生意的延续或者消逝。报价不是一张价格表，而是一个与客人互动的过程，既是与人互动就要显得有“人性”。也就是说，研究不同客户的心理，对人“下价”很重要。报价是一门技术，懂得报价的技巧往往能让你的生意越做越红火。

8. 巧用回扣套住重要客户

回扣就像臭豆腐，闻起来臭，吃起来香。做销售，给回扣是一个不得不面对的问题。现如今一个重要的客户，虽然品质服务为第一位，但是回扣却也不可忽视。当然，并不是每个客户都要给回扣的，哪些客户该给，哪些客户不需要给，都需要花很多的时间去观察和分析。回扣给得适时得体，是保住重要客户的有力手段。

前不久，单位新房拿钥匙了，大家开始忙着装修。找了一家装修公司，谈好价格后，徐飞对经理说："装修材料我自己买，不用你们管！"他一愣，随即一脸失望。徐飞早就知道装修公司买材料要吃回扣，所以防着呢！随后，徐飞朋友给介绍了一家建材店，装修材料一应俱全，并且质量有保证。便和老婆欣然前往，经过一番比较挑选，主要材料都定好了。店主很爽快，打了8折，还去了零头，一共两万块钱。

刚回到家，徐飞同事小王来问买材料的事。徐飞告诉他："千万别让装修公司带你去买，店里都给他们回扣，价格肯定高！"随即又告诉他那家建材店的地址，建议他也去那里买。小王听完，若有所思地走了。两天后，小王又笑呵呵地来了。"装修材料买好了？"徐飞问他。"是啊，就从你介绍的那家店里买的，不过价格比你买的便宜！"小王一脸得意。徐飞一愣，"不会吧，是不是买的材料不一样啊？"小王没说话，拿出一张订货单。

徐飞一看，果然和自己定的材料相差无几！可再往下一看，忍不住乐了！"你的订货价格是两万一，我的是两万，怎么能说比我的便宜？你是不是搞错了？！"小王微微一笑，不紧不慢地说："是啊，订货价格是两万一，可店主还给了我两千多块钱回扣呢！""什么回扣？”徐飞一头雾水。小王又笑了：“你不是说装修公司买材料，店里都给回扣吗？所以我就冒充了一把装修公司，没想到店主还真给了我回扣……”

暂且不说建材店的老板被小王骗了，从例子中可以看出，回扣在生意场上已经很普遍了。为了生意细水长流，卖家一般都乐意给重要客户一些回扣，这几乎成了生意上生存的法则之一了。但是给回扣也要讲究技巧，不能盲目。

（1）提回扣要看场合

拿回扣总不是件光彩的事，所以向客户提回扣的时候一定要注重场合。在饭桌上提出来是最有效果的，其次就是在休息时间里打他私人电话效果也不错。但是千万要注意三点：不能在第三者在场的时候提；不能在监控措施做得比较很好的公司内提；不能在打到他办公室的电话中提。

（2）回扣不能早提，得看进度

给回扣的话题要慎说，最好不要先从销售方口里提出。在说这个话之前，必须对客户的人员关系、组织机构等各方面情况有了比较清楚的了解之后，再决定要不要给。就算要给也不要自己讲出来，要通过跟客户接触，套出话来。

（3）回扣的提法要因客户而定

对于想拿回扣又要扮清高的人，你在谈话上需采取委婉的方式，听起来似乎他不拿这个回扣还对不起你了，然后他就会顺水推舟地去接受。对于想拿回扣但提不起胆的客户，你就要费一番口舌了，尽量以各种理由去说服他。他们可能在回扣的量上面不会有很过分的要求，只要能拿就开心了，拿了后会感激你，会跟你成为好朋友的。对于直奔回扣而来的客户，你不用太着急，只用等着他主动向你提出来就好了。只要你回扣给到位了，达到他心里的预期，单绝对跑不掉。

（4）回扣量要看客户的重要性

回扣的多少并没有什么标准可言，关键看这个客户对你的重要程度。对于那种本身量就比较少，采购还要想吃成大胖子的那种，就要坚持你自己的原则，能给则给，不能给就算了。而假如是那种普通的客户，适量就好，只要能吊住他的胃口就行了。假如客户的潜力很大，就要下猛药，这样才能把客户套牢。

心理策略

回扣是一种非常注重技巧的艺术，不给不行，太过了不行，少了也不行。在不得不给的时候，销售人员一定要有仔细观察，准确判定，做到让客户开开心心的拿回扣，开开心心的下单。

第九章

心理迎合术

——投其所好，轻松搞定你的客户

客户的兴趣所在，暴露了他大部分的个性、习惯，以及价值追求。这些客户所“好”也往往是销售人员搞定客户的最佳突破口。对于销售人员而言，既要把握客户的心理，也要懂得“献宝”的技巧才能事半功倍。

1. 做一个察言观色的高手

做销售的人，必须学会察言观色，这样才能感知客户的心理活动，进而投其所好，实现赢单的机会。

通常，销售人员与客户都要进行面对面的交流，所以在沟通中一定要注意客户的言行举止。其实，这也是一件难度非常大的事，要从客户的神态中看出客户现在在想什么，要从客户说话的口气中听出客户的意向有多大，还真需要点功夫。

李娜刚做业务的时候，第一次上门拜访客户就失败了。虽然她不断提醒自己别紧张，但是说话的声音始终在发抖。而且，和客户交谈时，李娜始终不敢正眼看对方。或者是不好意思，或者是怕人看穿内心的秘密，总之，李娜的表现相当差劲，根本说不上察言观色。

到了第二次面谈的时候，情况就稍微好一点了。李娜虽然敢看着对方，但始终无法判断出对方在想什么，经验丰富的客户都是老江湖了，一般不会把自己的想法写在脸上。

学会察言观色，没有固定的套路可循。销售人员可以查看相关的资料，然后在实践中仔细研究，完全靠经验去判断。不过，有两点是可以肯定的。

第一，当你讲到客户感兴趣的地方时，对方会精神抖擞地注视着你，或者询问一些相关的问题。

第二，当客户不感兴趣的时候，一般会在脸上会表现出来一些不满、皱眉头或眼睛会看别的地方，或会叹气，甚至有的会借故选择离开。

要知道，在人性深处，总有一些共性的东西需要我们去察觉。惟有此，你才能在发展客户关系的时候走进对方的心，建立起利益细节。

了解人性的秘密，发现客户的个人偏好，必须从表情上看到客户的内心世界，进而拿捏对方的情绪状态，才能知己知彼。在这一点上，我们可以向和珅学习。

和珅“少贫无籍，为文生员”，到了乾隆四十年（1775 年）才被擢为御前侍卫。此后，他深得乾隆的宠信，一路高升，盘踞在军机大臣的位置上长达 20 多年。能够成为乾隆眼前的大红人，和珅靠的就是感情细腻、善于观察、长于揣摩。凭借着一点，他在官场上左右逢源。

历史上，乾隆皇帝喜欢吟诗作赋。为此，和珅下功夫收集乾隆的诗作，并对其用典、诗（词）风、喜用的词句了解得一清二楚，结果得到了乾隆的另眼相待。他对乾隆的脾气、爱好、生活习惯、思考方法了如指掌，充分做到了想乾隆之所想，为乾隆之所为。这与一般的曲意迎奉、阿谀献媚不同，因为和珅往往能将心比心，所以他的许多迎奉行为没有那么低俗和赤裸裸，显得更加真切。

有一次，乾隆出游，中途忽然命令停下轿子。大家都很着急，不知道该怎么办。和珅知道了这种情况，立即找来一个瓦盆，递进轿子里。等这位皇帝撒完尿，才继续前行。其他人如梦初醒，对和珅佩服得五体投地。

做一个察言观色的高手，并不是庸俗的溜须拍马，而是一门实实在在的高深学问，是处理好客户关系、发展销售事业的利器。为此，你需要把握好下面几点：

（1）善解人意

在销售中，察言观色，揣摩人心，必须做到“善解人意”，能够“想对方之所想，急对方之所急”。比如，别人说了上半句话，你要准确无误地说出后半句话；此外，你还要善于替对方着想，甚至连对方想不到的地方也能想到，让人有“心有灵犀一点通”的感觉。

（2）良性互动

察言观色，需要在双方之间形成某种互动，从而让对方流露出自己的偏好、意见。这样一来，你才能更全面地“认识”接触的对象。比如，销售人员要学会对顾客多进行赞美，让其拥有一个良好的心境。如果顾客是一对情侣，为了促成销售，你就要设法赞美那位女士。因为在购物时，男士一般会听从女士的意见。

（3）痛陈利害

美国精神医生米亚兹博士，在自己的著作《如何观察他人的眼光》中，引述了许多实例，说明察言观色及说服他人之道。比如，他曾游说一位即将抛弃丈夫、儿女，投奔情夫怀抱的少妇。在谈话中，他根本不提丈夫和儿女之事，只是旁敲侧击地将“离家出走绝非明智之举”的观念，灌输至少妇的脑海，从而使她幡然醒悟，悬崖勒马。显然，把利害关系说清、说透，才能引导对方做出正确选择。

心理策略

人性的秘密，往往潜藏在眼神里、手势上，而且会跟随情势的变化而飘动。无论与客户建立信任，还是从对方身上打开缺口，你都必须眼观深邃、听觉灵敏、心思缜密，从而在察言观色中驾驭人心。

2. 重视客户的兴趣爱好

在与客户建立良好关系的过程中，如果双方兴趣一致，就很容易产生共鸣，迅速消除彼此的隔阂。无论你们是否有这种默契，你都要重视对方的兴趣，这是你获得突破的关键点。

一位钓鱼能手在总结自己的成功经验时说：“起初我非常喜欢用草莓和乳脂做诱饵，后来发现鱼儿较喜欢小虫，于是我就垂下一只小虫或蚱蜢，结果每次总是有很大的收获。”由此可见，成功的秘密之一是投其所好。

有一位推销员准备拜访一家企业的老板，但是想要见到对方是一件困难的事情，因为如果一开始就引起对方的反感，那就注定要失败了。一个偶然的机会，推销员看到附近杂货店的伙计从老板公馆的小门里走出来，于是他急忙走过去问候。

两个人很快攀谈起来，推销员从伙计那里得知老板的衣服是哪一家洗衣店洗的，并很快找到了那家店铺。在接下来的沟通中，他又确定了这位老板西装的布料、颜色、式样等重要资料。更难得的是，店主还主动提到了老板的领带、皮鞋，以及谈吐与嗜好。这些信息太重要了，推销员喜出望外。

过了一段时间，推销员终于找到一个合适的机会，与这位老板展开了深入的沟通。由于推销员掌握了对方的有效信息，所以沟通起来非常顺畅，取得了良好的预期效果。而这一结果离不开推销员重视对方兴趣，并投其所好的策略。

一般人都希望他相处的人，有许多不同的特殊兴趣，有的他特别喜欢，有的比较淡薄。如果可能的话，你应尽量找出客户最感兴趣的事，然后再从这方面去接近他。倘若没有机会或者这种机会不容易得到，那么也该尽可能去选择他最大的兴趣供你利用，主要的目的是要使他对你发生兴趣。

想与客户的特殊兴趣建立一种特殊关系，必须把你的真实的兴趣表现出来。单单说一句很感兴趣的话是不够的，在对方的询问下，你不能掩饰你缺乏真正的兴趣，免得弄巧成拙。为此，你必须花时间研究对方的兴趣。

专家给出了关于和他人交谈兴趣的三个步骤：第一，找出别人感到特殊兴趣的事物；第二，对于那感兴趣的题目应预先获得若干知识；第三，对他表示出你对那件事物真的感兴趣。

奥佛史屈教授在《影响人类的行为》一书中说：“不论是商业界、家庭中，还是学校里、政坛上，最好的一个忠告是：首先，撩起对方的急切欲望。能够做到这一点的人，就可以掌握世界，否则将会孤独一生。”

“撩起对方的急切欲望”，说到底是要我们把握对方的兴趣所在，或者制造兴奋点。为此，要做好下面两件事：

（1）培养与客户一样的爱好或兴趣，这样就能深刻理解对方需要什么

猜测总会有失误的时候，最有效的方法是加入对方的喜好中去，真正体会其中的玄机，从而积极主动地掌控局面。尤其是在销售谈判的间隙，与客户谈论共同的爱好，能拉近你们的距离，客户很可能把这种认同从个人爱好转移到业务上来，增加你赢单的机会。

（2）准确判断对方的心理期待和利益诉求是什么

欧文梅说：“一个能从别人的观点来看事情，能了解别人心灵活动的人，永远不必为自己的前途担心。”因此，准确把握了客户的需求，就能轻易影响别人的思想和判断。特别是在业务谈判的关键时刻，成功往往来自于销售人员的对客户心理的细微把握。

心理策略

销售关系学上有一条要则：要适合别人的需求而达到自己的需求。但是，生活中能够做到这一步的人少之又少。请牢记，客户的兴趣所在，暴露了他大部分的个性、习惯，以及价值追求。能够以兴趣点为突破口，通过投其所好顺利达成目标，实在是发展关系、完成合作的有效手段。

3. 让对方证明自己的权威

客户都有自己的看家本领，有时候他们的能量十分惊人，要看你是否能激发出来。销售人员跟客户打交道，不能局限于商业上的客套，也不能轻视他们的潜能。能够让客户展示自己的权威和专业能力，那么你

的销售工作会爆发出惊人的力量。

20世纪60年代初期，约翰逊想建设自己的大厦，但是资金一直没有筹措充足。到后来，他想，先开工吧，一边开也可以一边弄钱。

这一天，建筑商告诉他，钱只够用一个星期了。那时，约翰逊恰好和一位银行主管在一起吃饭。约翰逊拿出工程蓝图，就打算铺在餐桌上，向这位主管介绍自己的宏伟计划。那位主管看到他的动作，说："这儿不好谈，你明天到我办公室来。"

第二天，一切都很顺利。银行原则通过了约翰逊的贷款申请。约翰逊知道消息后说："太好了，现在惟一的问题就是，我必须在今天获得确定的承诺。"

听到这里，主管变得严肃起来："别开玩笑了，你知道吗？我们这里从来就没有在申请贷款当天获得确定承诺的案例。"

谁知，约翰逊听了不以为然，只见他把椅子往主管身边靠了靠，看着主管的眼睛，真诚地说："你是这一个部门的主管，你有很大的权力。确实，我知道从来没有这样的先例，但我想，依照你的权力与地位，应该能办到。"

那一刻，这位主管怔住了。以前从没有人像约翰逊这样讲话，难道自己真的有这种能量吗？带着将信将疑的神情，他答应了："你这是让我为难了，不过，让我来试试。"

不出所料，事情成功了。这个结局，让那位银行主管也没有想到。他不禁赞叹约翰逊非凡的想像力，更为自己的能量感到吃惊。

让对方证明自己的权威、能力，激发他们争强好胜的心理，可以最大程度上实现我方的利益诉求。具体来说，销售人员要从下面几点管控：

（1）充分利用客户的展示欲望

如果客户是一个权力意识很强的人，对于一个权力意识强的人，增加自己的权力，证明自己的权力范围，扩大自己权力的领域，都是他很喜欢做的事情，只要你提出的要求，与他的这个要求合拍，一般他都会帮助你。

（2）用激将法调动客户的斗志

通常，有本事的客户不容许别人对他权力的威力怀疑，假如你能技巧地表明自己或者别人对他的怀疑，他会立即想办法证明你的怀疑的错误。这样，你的目的也就达到了。实际上，这就是通常所用的激将法，能够起到事半功倍的效果。

（3）巧用客户好面子的心理

许多时候，客户都很重视自己的面子。有很多人，宁愿自己吃亏，但是不能丢面子。这就是我们平常说的“死要面子活受罪”。对客户来说，“面子”这个概念的另一种表达就是“荣誉”。如果你能够激发一个人的荣誉心，这荣誉心的行为指向与你的目标相同，你的事情一样能容易办成，不费吹灰之力。

心理策略

客户也是凡人，都有人性中普遍的弱点和心理特征。销售人员抓住客户的个性特质，并巧用迎合术，就可以调动客户的积极性、主动性，让他们施展个人才华为你的目标服务。

4.“迷魂汤”能够灌死人

为了让客户接受你，达成合作意向，多在客户面前说好话是很有必要的。嘴巴甜的人，永远是受人欢迎的，因此他们也就多了许多机会。

两个刚毕业的大学生同时进入一家公司，在销售部门工作。他们的工作能力、工作业绩上不相上下，但是性格差异很大，为人处世方式也不同。

甲嗓门大，见到人要么直呼其名，要么喊“小张”、“小王”。有一次，销售经理接待客人，甲在门口喊起来："老李，你的电话。"年轻的销售经理竟被下属喊"老李"，而且当着客人的面，换了谁都难以忍受。这位经理阴沉着脸走出来，心中忿忿不平。

乙就不同了，见人毕恭毕敬，小心翼翼地喊"×经理"、"×主任"，对没有职务的则以"哥哥"、"姐姐"相称。上面交代下来的任务，乙都立即行动，出色完成。而且，下班以后看到有人没走，就主动留下来聊聊天，话话家常。甲与之相反，下班就走人，我行我素。

后来，销售经理的助理调到别的部门了，公司决定采用公开竞聘的方式选拔新人。甲乙两人都是业务骨干，自然参加了竞聘。结果，乙以绝对优势击败了甲，成为公司最年轻的中层干部。

人人都喜欢听好话，喜欢做事勤快的人。《红楼梦》里，王熙凤是一个嘴巴很甜的人，喜欢说一些中听的话，博取了贾母的欢心。销售人员想干出业绩，不但要腿勤，还要嘴巴勤，多说好话，给自己赢得更多更好的人缘。

有一家公司为扩大经营规模，决定高薪招聘营销主管。广告发布以后，前来应聘的人非常多。面对众多应聘者，负责招聘工作的人说："相马不如赛马，为了能选拔出高素质的人才，我们出一道实践性的试题：就是想办法把木梳尽量多的卖给和尚。"

这时候，绝大多数应聘者感到困惑不解，甚至愤怒：出家人要木梳何用？这不明摆着拿人开涮吗？于是纷纷拂袖而去，最后只剩下三个应聘者：甲、乙和丙。负责人交待："以10日为限，届时向我汇报销售成果。"

转眼十天过去了，三个人回到了公司。负责人问甲："卖出多少把？"答："1把。""怎么卖的？"甲讲述了历尽的辛苦，游说和尚应当买把梳子，无甚效果，还惨遭和尚的责骂，好在下山途中遇到一个小和尚一边晒太阳，一边使劲挠着头皮。甲灵机一动，递上木梳，小和尚用后满心欢喜，于是买下一把。

接着，负责人问乙："卖出多少把？"乙回答："10把。""怎么卖的?”乙说他去了一座名山古寺，由于山高风大，进香者的头发都被吹乱了，他找到寺院的住持说：“蓬头垢面是对佛的不敬。应在每座庙的香案前放把木梳，供善男信女梳理鬓发。”住持采纳了他的建议。那山有十座庙，于是买下了10把木梳。

最后，负责人问丙：“卖出多少把?”答：“1000把。”负责人惊问：“怎么卖的?”丙说他到一个颇具盛名、香火极旺的深山宝刹，朝圣者、施主络绎不绝。丙对住持说：“凡来进香参观者，多有一颗虔诚之心，宝刹应有所回赠，以做纪念，保佑其平安吉祥，鼓励其多做善事。我有一批木梳，您的书法超群，可刻上‘积善梳’三个字，便可做赠品。”住持大喜，立即买下1000把木梳。得到“积善梳”的施主与香客也很是高兴，一传十、十传百，朝圣者更多，香火更旺。

当然，嘴巴甜、说好话，并非一味阿谀奉承他人，而是要懂得根据不同场景恰当表达，做到让人喜欢、令人满意、与人为善。这样一来，才能在待人接物方面有所长进，在业务上更上一层楼。

(1) 把握好尺度

在客户面前说的话要把握尺度，赞美的话必不可少，但不要太夸张了，有点效果就行。当然，产品以及其基本信息一定要真实，这个不能虚假，要让客户深入的了解到你的产品，你的产品又能给客户带来怎么样的经济利益。

(2) 准备好该说的“话”

不管就什么话题来说话，你都应该先有个清晰的思路：说谁?说什么?怎么说?都是说话之前应该想好的。在说好话的过程中，一定如行云流水，贴切自然，找不出一丝破绽，这样客户才会感受到你的真诚，在内心真正接受你。

(3) 树立“业务员=演员”的思想

业务员或销售人员，必须有演员的思想和技巧，才能在做戏中让客户赏识、接纳。有时候你说的并非符合实情，但是出于工作需要，非说不可。要先了解客户的基本情况，才能说出让客户满意的好话，所谓知己知彼，才能做的更好。其次，在说好话的过程中，可以加入诙谐幽默的语言，给客人留下很深的印象，使人无形中对你产生好感。

心理策略

即使说恭维的话，也要真诚。而且，要懂得把握说话的度和量，懂得引导客户让他跟着你的思路走，而不是让他带着你走！细节方面都是要注意的，要时时让客户感觉到你是实实在在的为他着想的，而不是只是为你的目的而来的，你能让他感觉到是为他好的，这样就达成你的目标了！

5. 客户做好人，你来当坏人

对客户来说，享受贵宾的待遇是必然的。听好话，被宠着，把这份荣耀放在自己身上，并且知足了，才会与别人谈生意、合作。这是销售中的潜规则。

反过来说，作为主动提供迎合的一方，销售人员要围着客户转，服务客户。必要的时候，要为客户背黑锅、关照客户的面子，目的是让客户高兴、受用。这种良好的配合，是销售人员赢得合作的重要手腕。

历史上，东魏的丞相高欢独揽大权，与侯景抗衡。临死前，高欢把儿子高澄叫到床前，做了帮助儿子成就霸业的各种安排。其中，他特别提出："朝中职位卑微的慕容绍宗是惟一能抗衡侯景的人，我没有提拔他，是想让你来做这件事。"高澄按照父亲的教导行事，给慕容绍宗高官厚禄，赢得了人心。几年后，高澄的兄弟高洋成为北齐的开国皇帝。

高欢在世时，不给慕容绍宗加官进爵，是在故意唱白脸、做恶人，目的是把好事留给儿子去做。如此一来，人情自然是儿子的，慕容绍宗就会一心一意帮助高澄成就大事、抗衡侯景。高欢父子同唱一台戏，红白脸相契，是成就大事的典型案例。

这个历史故事说明，在办事的过程中，总是要有人扮演好人的角色，有人扮演恶人的角色。与客户打交道，销售人员为了迎合客户，必须主动承担起导演的角色，积极配合客户，主动扮演恶人，让客户高兴。

比如，在谈判中，明明客户得到了不菲的利益，但是销售人员在口头上要说自己占便宜了，让客户扮演好人的角色。这样一来，客户才会心里受用。

又比如，在多方合作的局面里，销售人员要懂得维护客户的面子和尊严，处处替客户着想。一旦第三方有伤害客户利益的举动，你要主动出击。有时候客户做的不妥，你要主动揽责任，扮演坏人的角色。

经过这种长时间的相处、磨合，客户感受到了你的真诚、耐心，就会在内心认同你这个人。接下来，才会跟你说心里话，把你当做朋友看待。

那么，在维护客户权威、面子的问题上，销售人员应该在哪些地方努力呢？概括起来，你必须帮助客户建立、维护三种“高大”形象：

（1）伟岸的人格形象

人格形象就是人们通过精神和内在性质的修养和陶冶而获得的一种无形人格力量与感召力。人格形象是人的内在精神和特质的展示与感知，没有高尚的人格就不会产生良好的人格形象。具体来说，销售人员要时刻维护客户的脸面，一旦有人为难客户，则要挺身而出，不让客户的人格受损。

（2）良好的视听形象

视听形象是人格形象的外在表现形式，也就是我们平时所说的口碑。在生意场合，销售人员要说客户的好话，称赞客户为人厚道、处事妥当。当客户从第三者耳朵里听到你夸奖他，他会十分受用，对你的信任也会倍增。

（3）出众的智能形象

无论是与客户面对面的沟通，还是在有其他人在场的情况下，在言谈举止中凸显客户的睿智、远见都是必不可少的。比如，对某件事的看法，你要彰显客户的高瞻远瞩，表明客户有哪些创造性思维。显然，销售人员主动表现出自己“愚”的一面，突出客户“智”的一面，是很有必要的。

心理策略

人人都喜欢被尊崇，客户也有这种心理。在交往中，销售人员必须扮演好绿叶的角色，时时、处处让客户感受到应有的尊荣，甚至在必要的时候当好人的角色。只要你有这种意识和行动，那么客户就会认为你是值得结交的人。

6. 感情投资花费最少，回报最高

在这个世界上，销售人员如果想占有一席之地，必须有一些能使自己成才、成器或成事的路子，包括生存的路子，发财的路子。

事实上，这些路子都不是能靠自己单枪匹马的力量硬闯出来，必须借助客户指引、引荐，支持或帮助才能找到方向，踏上征程。从某种意义上说，这些路子都是客户给的，或者说是别人帮助开拓的。

那么，天下之大，人事之繁，别人为什么要给你路子？为什么乐意帮你开拓路子？答曰：人情使然，有了人情也便有了路子。正所谓，人情大，路子宽。比如，“和气生财”就是把利益的获取建立在人情基础上。显然，处理不好人情关系，不能让客户顺心、满意，求人办事只能是痴人说梦。

对客户来说，人情就是面子。给客户面子，他才会认同你、感激你。等到有一天你需要援手的时候，对方才会雪中送炭，助你渡过难关、成就大事。所以，平时一定要对客户做好人情投资，这是迎合对方的妙招。

红顶商人胡雪岩之所以功成名就，就在于他懂人情、明事理。当年，王有龄身无分文，胡雪岩冒着被解雇的危险慷慨解囊，结交了这个“穷”朋友；日后，王有龄科考登第，步入官场，胡雪岩迎来的是千金难求的“贵人”。这就是“人情投资”的典型例证。

（1）坚持“慢工出细活”

当你手中拥有几张初交者的名片，你必须迅速出击，把它充实为十倍、百倍。它将是你人际交往的生命线，是随时可以启动和挖掘的“存贷”。这一点的难点是要突破清高顾面子，不以任何方式主动与人交流的心理障碍，要点是不可太急于将陌生人变成为贴心的朋友，而需要慢慢“和面”。好关系是磨出来的，是泡出来的。所以，人情之道是慢工出细活，不能操之过急。

（2）用长远的眼光看问题

感情投资忌讳目光短浅。因为，感情投资是项长期行为，决不能采取“平时不烧香，遇事抱佛脚”的短视态度；否则，别人能否为你办事，就是一个问号了。所以，平时不需要帮助的时候加强往来，才能在需要帮助的时候得到温暖。

（3）良好的沟通环境能增进感情

在这一点上，惠普公司就做得很好。它的办公室采用“敞开式”，全体员工都在一间大厅中工作，上司根本没有独立的办公室。同时，在工作场所，员工之间不称职衔，而直呼其名，即便是面对董事长也不例外。这样做有利于员工之间相互通气，从而创造无拘无束和亲密合作的气氛。在重视感情关系上，他们的做法很有借鉴意义。

（4）一旦许诺就要做到

进行感情投资时，绝对不可轻易许诺，因为轻诺必寡言。如果那样的话，不仅会损害他人的利益，还会造成你感情上的信任危机。所以，一旦做出承诺，就要做到，哪怕自己会付出很多。

（5）常联系，多沟通

培植感情的办法很多，平时和他人在无拘束的气氛中聊聊天，就是一种有效而又简便的方法。其次，一餐便饭，一封感谢信，一份小礼品，几句祝福语，也是不错的选择。利用各种人际关系为自己的将来办事，无非是通过感情投资来使自己的关系网拓展。但在进行感情投资时，应避免带有恩赐性，否则会对双方都可能造成损害。

心理策略

人情是一种爱心，是一种义气，是一种恩德，这是很难用价值来衡量的。人情对每个人来说都是沉甸甸的，它压在人的心里，让人经久难忘，让人既有一种欣慰感，又有一种负债感。而且对这笔人情债，没有人会抵赖的。一旦有了偿还的机会，人们便毫不犹豫地回报给对方，好像除了讲义气，还了却了一桩心愿似的。为此，你要树立对客户长期投资的观念。有些短期内看似不重要的人和事，长期看就可能很重要。适时地把你的时间和精力投在一些比较有能力的朋友身上，“弹指一挥间”，回报必定远远超过你的投入。

7. 处处让客户胜过你

一个人可以没有成功，但他绝不可以没有朋友。许多人以为自己交际很广，似乎拥有很多朋友，但当他真正需要朋友时却发现并非如此，因为他们根本不懂得择友处世的方法。

同理，销售人员在自己的客户网络中，也要善于把客户变成有力的支持者，才可能在关键时刻让他们伸出友谊之手，让自己在工作上精进。

与客户相处，赢得他们的心，必须处处让客户胜过你。比如，与客户聊天，对方高谈自己的光荣历史时，如果你脱口而出：“那有什么了不起！我的过去比你更值得吹嘘呢。”就是这样一句无心的话，会让客户没面子、寒心，甚至彼此一刀两断。

法国哲学家罗修夫曾说：“若想树立一个敌人，只需打败你的朋友就可以了。若要结交一位挚友，就要让对方胜过你。”

还有一句话说得更深刻：“没有任何一件事比看到别人失败更能让自己感到高兴的了。”的确，许多人抱着幸灾乐祸的哲学，一旦客户不买账就处处刁难，看到客户遇到麻烦更是乐不可支。这样一来，你永远也无法得到客户的支持和帮助。

人人都喜欢占据尊荣的位置，这是人之常情。因此，让客户胜过你，捧着对方，是让自己获得好人缘的成功法则。为此，你必须做好下面几点：

（1）为了赢得一个好朋友，请让客户赢得胜利

那些愈夸大自己成就的人，就愈没有成就。我们应该尽量心存谦虚，切勿自我标榜。有时，为了让客户更出色，还可以采用让功劳的办法。

晋朝王导为宰相，有一个叛贼，他不去讨伐，陶侃责备他，他复信说：“我遵养时海，以待足下。”陶侃看了这封信笑说：“他无非是‘遵养时贼’罢了。”王导“遵养时贼”以待陶侃，即留下现成的功劳准备让于人。

商业合作本身没有胜败，而是共赢。不过，在微妙的心理上，销售人员不妨让客户扮演合作促成者的角色，自己装作无功、无为。

（2）多为客户着想，多体谅对方的难处

你与客户的关系不会自己生长，需要悉心培养。平时多倾听客户的述说，这是表示理解的最佳方式。要知道，人人都渴望得到别人的理解。多为客户着想，多体谅客户的难处，这样才能让你更受人喜欢赢得友谊。

（3）关键时刻要有克制

人人都有好胜心。当你想与客户一争高下的时候，一定要懂得隐忍，主动把胜利的位置让给客户。只要客户高兴了，再谈生意就变得容易了。

此外还要注意，情绪冲动或发怒时说的话，对你与客户的关系有强烈的破坏性。所以在你的脾气将要爆发时，最好远离客户。记住，没有人喜欢与态度不友善的人交往。如果你强求客户顺应你的恶劣情绪，谁也不会靠近你。人们都喜欢快乐，所以你必须给人愉悦的体验，而不是把忧伤带给对方。

心理策略

人捧人高，你给客户面子，让他风光一把，他必然把你的帮助牢记于心。让客户胜过你，则会给对方十足的荣光，他必然感激你，认同你，这样你的好人缘就有了，接下来谈论合作事宜都会水到渠成。

8. 用好奇心抓住每一个信号

在心理上迎合客户，必须善于观察，抓住每一个可见的信号。如果观察力不足，对各种信号不敏感，那么销售人员就无法抓住稍纵即逝的机会，也就不能做出让客户乐见的行动了。

“椰菜娃娃”在美国的商业史上取得了巨大的商业成功。在这则成功的案例中我们可以看到，迎合消费者心理对顾客的购买行为有着重大的影响。商品的特殊包装、装潢、商标和品名，常常能给消费者以各种联想，唤起消费者的各种心理活动。

“椰菜娃娃”是美国商人针对西方国家独特的社会结构和道德伦理观念的变异，进而开发出的一种新型玩偶。每个用碎布做成的娃娃，屁股上都煞有介事地打上接生医护人员的印章 还附有一张“出生证”，在上面印着它的姓名、手印和脚印。商店宣布，这种玩偶是从椰菜地里捡回来的孩子，因此，当顾客“购买”这些孩子时，必须办理“领养手续”。这样消费者购买娃娃时，就在心理上造成了一种半真半假的感觉，仿佛这真是一个活生生的生命体。

由于“椰菜娃娃”迎合了消费者害怕寂寞、希望有个不会添麻烦的孩子的心理，所以在1983年曾出现过抢购狂潮，甚至引发暴力事件。

在与客户打交道时，准确把握来自客户的每一个信息，有助于销售的成功。但怎样培养这种观察力呢？答案是：有好奇心就够了！

好奇心——推销高手特有的一种厉害特质。对人、对事，对一切能让这个世界运转的东西都好奇。好奇是出自内心的一种疑问，要是有足够的好奇心，一个月之间学到的知识会比别人一年学的还多。

（1）好奇心是销售人员发现问题的动力

一位推销员去参加在职进修研讨会，他会秉持什么态度？也许到那里，参加了每一场演讲，觉得有些很不错，有些却无聊得睡着了。结束后，也许认为自己学到了一些经营法宝，也许会懊恼自己浪费了时间和金钱。

有好奇心的推销员如何呢？他也和其他人一样，希望听些专家之言。可是，他会同时睁大眼睛观察周围一切状况和每一个人。正因为他对任何新事物都好奇，他会注意：会场上其他同仁如何穿着打扮，他们开哪一种车子，现在流行看哪些书，哪些同事让人有鹤立鸡群的感觉，中场休息时同事谈的是什么，等等。

在好奇心的趋势下，推销员能够敏锐地观察到与众不同的信息，并迅速作出判断，指导自己的销售工作。而缺乏好奇心的推销员却只晓得大肆批评讲师差劲，抱怨什么都没有学到，言下之意当然是错不在己，你很难想像他们会有什么作为。

（2）好奇心给销售人员提供全新的视野

有好奇心的人，会用一种不同的世界观审视周围的人和事。客户每一个表情和动作都有一种潜在的含义，在他们眼里都有有内容的，相信你能够从人们的购买习惯中发现一些有价值的信号。

譬如，当一位服饰鲜艳、珠光宝气的顾客走进汽车展销大厅时，你就知道她可能更喜欢买那种刺激、新潮的车。或者，如果在客户的办公室或家里看到摆放着许多小玩意儿的话，你就知道他会乐意买一辆挂有艺术品的车，总之，无论是墙上的工艺品，还是桌上的照片，都能告诉你一些有关客户的信息。

在好奇心的趋势下，销售人员有了非同一般的眼光。正因为看到的不一样，所以他们的决策、判断都会跟他人不同。于是，他们设计销售策略、改进销售计划，都会显出自己十足的创意和非凡的远见。

心理策略

好奇是探索未知的原动力。与客户接触的过程中，销售人员必须眼观六路、耳听八方，从客户的动作、表情、语言、服装等各种要素中发现蛛丝马迹，进而分析判断，对客户做到了如指掌。显然，发现客户的秘密，读懂客户的心，你才能准确无误地迎合对方，并收获更多。

第十章

心理博弈术

——销售中惯用的心理学“诡计”

俗话说:兵无常势,水无常形。销售中可运用的战术也是变幻无常,但是“心理战术”却是隐藏在所有战术背后的最根本力量。人人都想在销售这场残酷的战争中赢得滚滚财源,但是并非每个人都能真正懂得商战谋略、掌握心理博弈术。

1. 商战中常用的心理战术

商场如战场，勇者生存、智者胜利。想要在销售这场残酷的战争中取胜，就必须得懂得商战谋略、掌握心理战术，否则必败无疑。

肖强是做室内墙纸装饰生意的，生意做的可谓是风生水起，订单一笔接一笔，忙的那叫一个不亦乐乎。在同学聚会上，同学们问起了肖强做生意发财的秘诀，肖强侃侃而谈："谈生意就是打心理战，要讲究策略。最重要的就是要了解你的客户，了解不是说简单地知道他姓什么，叫什么，电话多少，住哪里就可以了。而是一定要像了解你儿子一样去了解你的客户。如果他一伸手你就知道他要什么，一张嘴你就知道他要说什么，那还能有谈不成的生意？生意谈的成，财源滚滚就是顺其自然的事了。"

俗话说：兵无常势，水无常形。在商战中可运用的战术也可谓是层出不穷、变幻无常，但是万变不离其宗，"心理战术"便是隐藏在背后的较量手段。要掌握并运用好各种商战战术，首先得对商战心理战术有所了解。

（1）伺机而动

伺机而动就是要抓住机会、实施行动。机会永远都不是别人给的，而是自己争取的。尤其是在销售这一行业，多一次推销的机会就意味多一份成功的可能。一定要花时间去琢磨顾客的心理，捕捉顾客发出的每一个对产品感兴趣的信号，然后适时出击。

（2）出奇制胜

出奇制胜关键在一"奇"字。"奇"可以是指产品、介绍产品的方式或开场的话题等等。人们总是对新鲜的事物充满好奇，因而在销售中要学会分析顾客的兴趣点，并用新奇的东西吸引其注意力。因为顾客只有对你所说的东西感兴趣，才会花时间听你继续说下去。你也只有获得表达的机会才会拥有成功的可能。

（3）步步为营

步步为营，才能步步为赢，在销售中更是如此。如果在销售过程中你只是沉浸于自己的滔滔不绝，致力于快速表达完自己的思想，而忽略顾客的感受的话，结果一定会失败。销售是心与心的交流，在表达自己的同时请注意细心观察顾客的反应，然后再通过对顾客反应的分析决定下一步该如何进行。只有这样稳扎稳打才会步步为赢。

（4）以退为进

在销售的过程中难免会与客户发生冲突，这时一定不要感情用事，与客户发生口角。否则这一单生意一定泡汤。俗话说：退一步海阔天空。人们总是更容易接受认可自己的人，所以面对这种情况，何不先放低姿态表示对顾客的理解使其从情感上对自己产生友善之感，减少其对立心理，使之放松戒备，然后再突然逆转，顺势“擒住”对手。

（5）以情动人

在销售的过程中要学会和顾客拉关系、攀亲戚。我们都会有这样的体会：熟人介绍的东西很容易被接受。在销售的过程中也是一样的，若想要顾客更容易接受你的产品，首先得让其接受你这个人。也就是说在与顾客交流中要学会像朋友一样，站在顾客的角度考虑一下他的利益，并在他提出之前提出来。这些问题就算你不说他们也会考虑到，但是你说了，他们就会对你产生一种信任和亲切感。

心理策略

市场竞争风云莫测，激烈无穷，各式各样的巧谋奇计令人应接不暇。关键要看销售人员的领悟能力和操作技巧。“心理战术”是隐藏在各式计谋背后的关键。经营者掌握这些竞争背后的“诡计”，才能运筹帷幄、适时出击、迎接挑战。一个好的心理战术运用得当，可以成就一桩生意，也可以达到意想不到的效果，带来滚滚财源。

2. 掌握讨价还价的策略

在销售中最棘手、最敏感、最重要的问题恐怕就是价格了。讨价还价是销售中一项重要的内容，也是一门艺术。想要成为一名优秀的销售人员，除了要掌握谈判的基本原则、方法之外，还必须学会熟练地运用讨价还价的技巧与策略，这也是谈判成功的保证。

A 公司是做设备更新的，又获悉 B 公司想要购买一套先进的设备，便派一高级工程师陈浩与之谈判，为了不负使命，陈浩做了充分的准备工作。谈判开始，陈浩根据行情提出 24 万元的价格。B 公司负责人员表示价格太高，不能接受。陈浩列出同行其他公司的报价，以示本公司给出的报价已经很低了。B 公司还是觉得价钱太高，希望 A 公司有所降价。

陈浩聪明的把问题扔回去"您觉得多少合适呢?"对方提出 20 万。为表诚意，陈浩表示愿意降价一万，同时说明不能再降了。这时陈浩细心地观察到 B 公司的谈判人员一瞬间的眼神交流，心想：成了，但是 B 公司肯定还会试探。

果然，B 公司仍然表示不满意价格。这时陈浩坚定而又不失礼貌的说："这已经是本公司能给出的最低价格了，若贵公司觉得不妥，可以看看其他公司，没有关系的，下次有机会我们还可以合作。"最终陈浩成功的以超出预计两万元的价格拿下了这笔订单。

销售中的讨价还价不是盲目的漫天要价就地还钱，而是有策略可讲的。在谈判过程中，"大赢家"总是能灵活地选择对己方有利的策略和行动，在双赢的前提下为己方谋取更多的利益。

（1）合理报价，坚定明确

对于销售人员来说，开盘价，也即是报价一定要高，但绝不能漫天要价，毫无根据，而应该是合乎情理。如果报价过高，又讲不说所以然来，就会使顾客感到你没有诚意，甚至于不予理睬，扬长而去。但是一旦说出价格就一定要语气坚定，这样才能给顾客留下诚实的印象。如果吞吞吐吐、欲言又止，就可能使其产生怀疑。

（2）投石问路，佯装震惊

要使谈判顺利地进行下去，并且主动权掌握在自己手中，一定要要学会掌握对方的心理和态度。也就是适时的提出问题，然后从对方的回答中得到一些信息，以便对接下来的销售策略有所指导。反过来讲，当顾客出价的时候，他们也同样在观察你的反应。他们也许并不指望你会同意他们的报价，而只是想试探一下你的反应。所以在听到买主的出价后一定要佯装震惊或沉默数秒。因为你若不表示惊讶，他们会读到降价可能性的信息。

（3）以理服人，见好就收

无论是讨价还是还价都应本着尊重对方和说理的方式进行。要认真、耐心地向顾客介绍产品的优点、与其他低价产品的区别、以及同行价格报价等等。这样既有利于对方的信服，也有利于给对方留下一个好的印象。如果只是一味的强调价格，而又说不出所以然，则可能使谈判过早地陷于僵局，对己方不利。谈判只有在双赢的情况下才可能成功，所以在保证自己利益的前提下“见好就收”，如果太贪心则可能导致交易失败。

（4）揣摩心理，果断决定

讨价还价也是一场心理战，对顾客的观察和心理的揣摩对于销售的成功起着至关重要的作用。善于抓住对方的细微情绪变化、准确作出判断。譬如说：顾客对价格能否接受、降价多少对方能接受、对方要求降价是真心接受不了还是试探性询问等等。在分析过顾客的心理以后，果断选择应对策略，不要优柔寡断，给对方以想像的空间。

（5）适时让步，以示诚意

价格让步的理想方式是每次作递减式让步，一定要做到让而不乱，遏止对方无限制的降价要求。每次让步要表现出一定的诚意，给对方一定的优惠同时要做到保全顾客面子。让步的幅度也应一次次减小，表现出困难让对方意识到自己的让步不容易，是在竭尽全力满足其要求。

心理策略

讨价还价是一场心理战，更是一门技术活。掌握讨价还价的各类技巧和策略，有益于为自己在各种商战中赢得有利地位，同时对于实现自己利益的最大化也有着极其重要的作用。但我们也应该认识到，技巧与诡计、花招有所不同。技巧讲究的是恰如其分，即使要赢，也要赢得有理有据，赢得让对方心服口服。对于谈判技巧游刃有余的运用，是成就优秀销售人的必要条件。

3. 永远不要泄露自己的底牌

俗话说：知己知彼，百战不殆。反过来想，如果你在未摸清别人家底的时候就先泄露了自己的底牌，那将是"逢战必败"。

1976年，李嘉诚获悉香港地铁公司为购得中区邮政总局旧址地皮，曾与香港政府磋商多次，希望部分用香港地铁公司的股票部分以现金支付，但是港府坚持用现金购买。于是既精通经营之道、又精通金融之道的李嘉诚，再次利用出售楼宇和发行新股的方式，暗中集资数亿港元现金，以打有备之战。

不仅如此，李嘉诚还获悉香港地铁公司与政府达成有关九龙湾车厂及邮政总局旧址的批地协议，为了稳操胜券，李嘉诚还相继抛出了两个诱饵。其一是为了满足香港地铁公司急需现金的要求，长江实业主动提出提供现金做建筑费；其二是将商业大厦出售后的利益由地铁公司和长江实业公司分享，并且打破平时分红各五成的常规，由地铁公司占51%，长江实业占49%。

1977年1月14日，香港地铁公司正式宣布，中环邮政总局旧址公开接受招标竞投。素有“地产皇帝”之称的置地公司，一度盛传是夺标呼声最高的公司。消息传到长江实业，李嘉诚听后淡淡一笑，说：“传说总是传说，到底名花谁主现在尚无法定论。”在这次“地王”公开招标竞投活动中，香港地下铁路公司先后收到30个财团以及地产公司的投标申请。1977年4月5日各家报纸以大标题报道：“长江击败置地，夺得旧邮政总局地段。”

从李嘉诚经商的历程中，我们可以看出，他对于任何计划都是处之泰然，让人根本无法看透他的想法，也就无法判断他的下步行动。这样他就把自己放在“暗”处，更有利于伺机而动、出奇制胜。

在经营投资过程中，李嘉诚曾经遭遇过无数的竞争对手，而在竞争的最后一刻，他总能够用对方意料不到的底牌将其彻底击垮，从而稳操胜券。生意人和政治家不同，有钱的流行装平民，没钱的喜欢扮富豪。这种“易容术”对于谈生意有很大的帮助。富人饰穷人，有利于保护自己，以免锋芒毕露，树敌太多。穷人扮富人，有益于“壮大”自己，为其在谈判中增加胜利的筹码。

当你过早的亮出自己的底牌时，就不要再妄想着满载而归，对于销售而言更是如此。销售的过程既是心与心的斗争过程，也是钱与钱的交易过程。就像打牌的人永远不想让对方知道自己的底牌一样，销售中也绝对不能把自己的底牌掏出来给人看。

（1）看透对方底牌

每个销售人员都要学着了解你的销售对象，只有把顾客的谈判方法和目的弄明白了，你才能在谈判中有的放矢。在对方表达的时候不要轻易打断，不要热衷于辩论，不要急于表达自己的观点，要学会“听”的功夫，从中分析和了解其立场和目的。只要能在销售过程中摸透对方的底牌，你的销售对象在你的面前就像透明人一样，剩下的就是“问”

的功夫。通过提问把对方引导到自己的思路上。

（2）守住自己防线

销售中要给自己留够底牌，因为销售随时可能会失败，牌局随时可能被中止，而对方也随时可能出新牌。不到最后关键时刻，千万不要亮出最有分量的底牌，因为过早的泄露自己的底牌只会将自己置于不利地位，任人宰割。在“说”的时候一定不能过多的暴露自己，那样只会让对方看透你。当然也可以将计就计，有意的向对方发出错误的信息，适时把握主动权。不到最后关键时刻，最好不要亮出你手里最有分量的底牌。请记住：“最后的赢家才是真正的赢家。否则，就要吃大亏。”

心理策略

每个人都希望自己的利益可以最大化，客户也一样，如果你过早的在他们面前泄露自己的底牌，他们当然不会放过宰你的机会。聪明的人永远让别人捉摸不透，却又非常懂得透析对手，总能在最后的紧要关头重拳出击，满载而归。

4. 利益不在于多少，而在于平衡

生意场上，想要次次得大利是不可能的，因为大家都是因为利益才维持着彼此的合作关系，你得大利就意味着别人得小利，既是如此谁会傻到想要与你合作？倒不如选择“利益均沾”，只要利益平衡了，生意才做得成。任何时候，想要维持长久的合作关系，就必须得把握好“利益平衡”这个基本原则。

大家都听过两只羊过独木桥的故事。很早以前，有两只固执的小山羊，一只白羊住在河东边，一只黑羊住在河西边。在这条小河上，只有一道很窄很窄的独木桥，每次只能过一只羊。

有一天，白羊要过桥到河那边去吃草，黑羊要到河这边去看姥姥。两只羊在桥上相遇了，可是这个小独木桥特别的窄，白羊站在这儿，黑羊站在那儿，谁也过不去，谁也不相让。白羊用不容置疑地语气说："黑羊，我还差两步就到了，你赶快退回去！"黑羊高傲地昂起头，坚决地说："凭什么要我退回去？我要过桥，你赶快退回去！"

它俩在桥上，谁也不肯退回去。吵着吵着，两只小山羊不假思索地把结结实实的脑门撞到一起了，把犄角缠到一块了，把细细的小腿支在独木桥上，打起架来，越顶越使劲儿。最后只听"扑通、扑通"两声，两只羊都掉到河里去了……

这时鸭妈妈游过来了，语重心长地对小羊说："孩子，要学会谦让，如果有一方愿意让两步，你们早都过桥了。再说了，都是乡里乡亲的，弄成这样多不好，还害得自己落水。这次你让他一下，下次他再让你，大家和和气气的多好。"两只小羊惭愧地低下了头。

同样的道理，在生意场上，销售人员与客户也要在利益的处理上找一个平衡点。当双方利益发生冲突，僵持不下的时候，一定不能像这两只小羊一样硬碰硬，那样只会两败俱伤。利益不在于这次多一点，下次少一点，而在于均衡。有时候，你在利益上让一步，对方也让一步，关系就顺畅了。我赚你不赚，生意不会长久；你赚我不赚，生意也不会长久；我赚你也赚，才能做成生意。这也就是所谓的"有钱大家赚"。

（1）迁就或拒绝客户要把握"度"

在与客户打交道中，如果"太盛气凌人"，对客户售后提出的问题大多不予理睬，必定会引起客户的不满，导致以后无生意可做。面对客户的要求当然不能断然拒绝，但是也不应一再迁就。若对客户提出的问题，无论大小难易都予以解决，必定会大幅度增加工作量，甚至可能出现大量无效劳动，拖长项目的进度，影响到自己的利益。所以，面对客户的要求要在迁就与拒绝之间把握好"度"的原则，这也是平衡利益的一种方式。

（2）及时沟通，把握客户心理

在与客户合作中，要做到及时与之沟通。有些客户属于沉默型的，不管你说什么他都只是点头却不言语，千万要注意，那并不代表着他就真的同意你的说法或满意你的产品。对于这类客户你一定要学会询问对方看法，把握他们的真正想法以便平衡双方利益，确定你接下来的进攻策略。还有一类客户，他们非常善于表达自己的想法，甚至有些“吹毛求疵”。面对这种情况，你要学会冷静揣摩他们的心理。或许他们也并不想使谈话陷入僵局，只是想为自己争取一些利益。如果掌握了他们的心理，再适当地做出让步，平衡利益则可有效促成谈判。

（3）赚该赚之钱，得应得之利

追求利润是生意人的目的，但是必须追求的是合理利润才能保证自己细水长流。所谓合理利润，就是说要在合作各方的利益分配中寻求平衡。一方得到不合理的高利，就意味着另一方得到不合理的低利。自己这方若没有合理利润，生意将难以为继；对方没有合理利润，生意同样会滞塞不畅，这种合作是无法持久的。所以，大聪明人赚该赚的钱，也让对方得应得之利。这样虽然降低了暴发的可能，却可以做长久的生意。这样生意犹如长江之水，生生不息，做长了自然也就大了。

心理策略

做生意最忌讳的就是“今朝有酒今朝醉”。如果只着眼于计较眼前利益的多少无法做成大生意。所有的交易都只有在“利益均衡”的前提下才能得以进行，在这个过程中维护别人的利益也就是维护自己的利益。

5. “以柔克刚”，应付客户挑战

道家主张，以柔克刚。刚劲的东西不一定要用更刚劲的来征服，有时最柔软的东西才恰恰是它的弱点所在，这个道理在销售中也适用。

面对客户的“咄咄逼人”，你若无法控制自己的情绪，为图嘴上痛快“迎难而上”，结果必将惨不忍睹。遇到这种情况，不妨试试“以柔克刚”的方法，说不定问题就会迎难而解。就像水一样，天下再没有比水更软弱的东西了，而攻坚克强却没有什么东西可以胜过水。

负荆请罪的故事大家都知道，其中蔺相如就是用以柔克刚的策略，成功地与廉颇化解矛盾，成为知己。

渑池之会，蔺相如的英勇机智和过人胆识得到赵王的赏识。赵王认为其是个不可多得的人才，于是回到朝廷以后，赵王便封蔺相如为上卿，地位在廉颇之上。

廉颇因此而心生不满，认为蔺相如只不过是耍嘴皮子的功劳，反而地位比自己高，于是便扬言，要找个机会羞辱蔺相如。

蔺相如感觉到了廉颇的这种想法后，就尽量不出门，后来索性告病，连朝也不上了。这样一来，廉颇见不着蔺相如，气也自然出不了。

有一天，廉颇远远地看见蔺相如的车马，忙命随从驱车堵截。蔺相如发现后，便快速回到车中躲避，才躲开了与廉颇的正面冲突。

这样的情景发生几次后，蔺相如的舍人们都觉得很丢面子，于是便一同来进见蔺相如，说“我们背井离乡来跟着你，本想着有多风光，没有想到你那么怕廉将军，连我们都觉得丢死人了。你让我们走吧，我们不想跟着你了。”蔺相如见其真要离去，忙起身阻止，说道：“你们觉得廉颇厉害还是秦王厉害?”众舍人说：“当然是秦王。”蔺相如接着说：“我连秦王都不怕又怎么会怕廉颇呢?”众舍人不解，问：“既然不怕，为什么要躲?”

蔺相如说：“秦国不敢打咱们国家，就是因为我和廉将军在。要是我俩不和，秦国一定会乘虚而入。我怎能为泄自己一时之愤而弃国家安危于不顾呢?”众舍人听罢无不心服。不久，这番话也就传到了廉颇那里，竟把廉颇羞愧得无地自容。

于是，廉颇裸露上身，背上绑着荆条，走到蔺相如面前，双膝跪倒，请求原谅。自此以后，二人和好，终成生死之交。

同样的道理，在销售中，以柔克刚的作用也非同凡响。掌握好这一方法，可以在谈判中起到意想不到的效果。

（1）学会沉默，冷静分析

当对方滔滔不绝，盛气凌人之时，千万不可感情用事，逞一时之快。聪明的销售人会选择安静地聆听，因为这样不仅能给客户留下好的印象，而且让其因为没有“假想敌”而士气减弱。更重要的是你抓住这段时间观察分析你的客户并准确地寻找应对策略。沉默不代表认输，只是一种“以弱克强”的迂回之策。

（2）声东击西，转移话题

在与客户的交涉中，如果对方情绪显得过于激动，或感到客户谈论的话题不利于交易的顺利进行，决不可与其直接交锋。而对方说东，你要漫不经心地说西；对方说南，你要若无其事地说北。这样慢慢的避其锋芒，转移话题，消灭客户挑衅于无形之中，然后设局让客户心甘情愿地跟着你的思路走。

（3）找准机会，适时出击

面对盛气凌人、趾高气扬的客户，要在他目中无物、自以为是的高谈阔论中，选准机会适时出击。这里的出击一定要准确无误且强而有力，可以是针对其发言中的违背常理之处，还可以是针对其发言中的自相矛盾之处等。每次出击实际上都能使对方的气势下降。当对方的气势降到一定程度时，正常的交易谈话才能得以展开。

心理策略

永远记住，对于销售人员来说，订单决定一切。既然如此，即便客户在某些地方表现得比较强势，甚至咄咄逼人，你也一定要学会暂时的“低头”，真诚地向对方示好，以柔克刚，用你的“软弱”来感化对手，制服对手。

6. 用环境的威慑使客户就范

环境给人带来的往往不仅仅是一种身体的感受，更多的时候是一种警示、一种威慑，对人们的行为产生某种约束。在销售中要学会用环境的威慑使客户就范。即通过对环境的改变给客户的心理造成一定的影响，从而促进其产生某种倾向，采取某种行为，达到自己的销售目的。

一位心理学家曾做过这样一个实验：

他让10个人穿过一个黑暗的房间，在他的引导下，这10个人都成功地穿过去了。

接着，心理学家打开房内的一盏灯。在昏黄的灯光下，这10个参加实验的人都惊出了一身冷汗，原来房间的地面是一个大水池。水池上方搭着一座窄窄的小木桥，水池里有十几条大鳄鱼，刚才他们就是从鳄鱼上方的小木桥上走过去的。

心理学家问："现在，谁愿意再来一次？"结果没有人敢站出来。过了一会儿，有两个胆子比较大的人愿意试一下。这两个人战战兢兢地走上小木桥，小心翼翼地挪动脚步，速度比第一次慢了许多，生怕掉下来似的。终于，这两个人走到了桥尽头，但是却满头大汗，心还在怦怦乱跳。

心理学家接着又打开房间的几盏灯，人们看清小木桥下方其实装有一张颜色极浅，不易看出的安全网。心理学家问："现在又有谁愿意再过一次木桥呢？"这次有6个人站出来，比上次多了些。因为他们知道桥下有安全网的保护，即使掉下去也不会有什么大事。虽然在过桥的时候这6个人还是比较小心，但是速度已经快了很多，一会儿就顺利地通过了。

最后还剩下两个人没有站出来，心理学家问其原因，二者异口同声地问："这张安全网牢固吗？"心理学家笑了笑，把房间里所有的灯都打开了，大家这才发现，原来水池里的大鳄鱼都只是模型而已。

从这个实验我们可以看出，敢不敢通过小木桥，除了个人心理素质的影响外，环境的影响也起着很重要的作用。随着环境中危险因素的增加，其威慑力也逐渐增加，人们采取行动时所受的影响也就逐步增大。在销售中，客户的心理也是如此。

（1）营造温馨、舒适的外界环境

客户都愿意享受更好的服务，哪怕多花几块钱。因为好的服务能够为其带来更多的舒适，客户内心的满足会使其心甘情愿地掏腰包。销售人员如果能利用好环境因素满足客户的这种需求，就更容易实现销售。另外，温馨、舒适的外部环境，能够使客户放松身心，有一种宾至如归的感觉，从而更容易放下自己内心的防线。在这种心态下，客户更容易与销售人员真诚以对，说出自己的真实想法和需要。这就大大的方便了销售人员顺利的展开进攻策略。

（2）营造信赖、有安全感的心理环境

销售人员的热情程度、行为方式、语言表达等都会影响到与客户之间的氛围。诚实、信赖的心理环境更容易让客户有安全感。在安全的环境下人们的防御心理是最低的，如在这种环境中进行交易，成功的几率是不言而喻的。所以，一定要学会替客户着想，并且让对方知道你有在替他考虑，这有利于营造一个好的心理环境。

（3）恰当利用不舒服的环境，逼对方就范

客户在面对略带威胁性或不舒服的环境时，容易变得紧张。如果在这时有选择或者建议出现，就会下意识地希望尽快达成一致并结束这种不舒服的感觉，其行为就会有所顾忌，或者有所妥协和让步。所以，销售人员可以在适当的时候借助环境的力量，使对方感受到一定的威胁或警示，从而逼对方就范。

心理策略

舒适或不舒适的环境，会对客户的行为造成很大的影响。所以，做销售的一定要善于通过改变环境因素，来制造气氛。或者通过消除客户的疑虑，获得客户的信赖，最终征服客户，或者巧妙运用不舒服的环境逼客户就范。但是一定要把握好环境威慑效应使用的时机和度。

7. 在关键人物身上下工夫

俗话说："挽弓当挽强，用箭当用长，射人先射马，擒贼先擒王。"战争中只要能制服敌方指挥人员，使其陷入群龙无首的境地，便可不击自溃，这是克敌制胜的绝招。同样的道理，在销售中，想要带到事半功倍的效果，必须学会抓主要矛盾，重点瞄准关键人物。针对他们下工夫，突破了这道关卡，问题往往也就势如破竹，迎刃而解了。

张玲玲和王文同是某儿童品牌服装的导购。一次，店里来了一位三十多岁的妈妈领着自己儿子来看衣服。张玲玲热情地招待，问其想挑选一件什么样的款式并按妈妈的要求为其推荐了一款又一款，可是顾客都不满意，还表现出一副不耐烦的样子，弄得玲玲都不知道该怎么办了。玲玲断定这位顾客也就是转转，不会买什么东西的，所以就跟王文抱怨："真没见过这样的人，不买就不买，还摆什么臭脸。"王文笑了笑说："看我的。"

于是，王文先是走到妈妈身边，示意其随便看看。然后将目光投向了这位顾客的儿子。王文心想："这个小孩大概七八岁的样子，和我哥哥的孩子差不多大，应该会和他一样喜欢奥特曼和怪兽之类的东西。"于是便拿出一件印有奥特曼图样的T恤，问那个小男孩喜欢么？并说这个穿上去很酷，很多小朋友都买这件。小男孩对奥特曼本来就很感兴趣，而且还听说其他小孩都有，所以也想要买。

王文通过表情知道小男孩已动心，所以目标就转向他母亲说："这件衣服卖得挺好的，而且质量版型都特别洋气，您觉得怎么样呢？"小孩在妈妈身边也说："妈妈我要买奥特曼！"在这种情况下，虽然这衣服并不是妈妈一开始描述的款式，儿子很喜欢，所以就动心了。

王文趁势抓住妈妈的心理，连忙说：“要不让小孩先试一下，试完了不喜欢也没关系。”不等妈妈表态，小孩就自己拿过了衣服。试完之后，小孩更舍不得放手了，妈妈心疼儿子，而且自己也感觉小孩穿上挺好看的于是便买了下来，并且除了这件之外还买了同系列的一件短裤。

玲玲敬佩地对王文竖了竖大拇指。

总是能听到有人抱怨：“我的付出并不比别人少，可是为什么他们可以成功我却还是这样?”那是因为你没有把功夫用在刀刃上，这样做事情只会事倍功半。王文之所以能轻松解决玲玲的难题就是因为她懂得在关键人物身上下功夫。

（1）把重点放在当家人身上

不管是与公司做交易还是与个人谈生意都要把注意力集中在当家人身上。何为当家人？当家人就是在这件事上说话起关键作用的人，对于企业而言就是指领导。俗话说：“上面动动嘴，下面跑断腿。”这些“关键人物”的决定对解决问题起着十分重要的作用。所以要把关键人物当成主攻方向，争取“不择手段”的与之建立良好关系，当信心建立后，再适时展开攻势，将其拿下。

（2）通过有影响力的人间接作用于决策者

关键人物是要具体问题具体分析的，并不一定都是面上的当家者。就拿上面的例子来说，当家人必定是妈妈，然而关键人物却是儿子。再譬如，厂长和副厂长一起去谈生意，关键人物就是厂长，但是厂长和厂长老婆去买衣服，关键人物就是厂长老婆。所以，想要在解决问题过程中稳操胜券，就必须分析清楚各种场合的关键人物。除了着眼于决策者之外，还应该争取足以影响决策者决定的“关键人物”的支持和帮助。通过当事人的亲友故旧来说服当事人成功的可能性大得多。

（3）不能忽视具体的办事人员

具体的办事员虽然不是最终的决策者，但是确是最直接的反映者。领导不可能事事都自己去做，那如何做判断呢？主要是通过办事员的反映。所以一定要切记，万万不可因人无权无职，就随便应付，否则你的好事就可能坏在他的手中。这时的办事员对于我们来说就是必须重视的“关键人物”。正所谓“县官不如现管”，说的就是这个道理。

心理策略

商业活动中总会有那么一个或几个重要人物对事情的发展起着决定性的作用，这些人就是解决问题所必须解决的关键人物。只要能准确地找到这些关键人物并把他们拿下，剩下的问题就都好办了。

8. 在销售中制造一种紧迫感

许多时候，销售人员必须向客户提供购买的充分理由，如果做不到这一点，对方往往无法立即产生购买动机，就会把购买计划推迟。

有时候，销售人员可以说产品存货不多，如果不尽快购买，很可能面对断货的结果，甚至遭遇可怕的后果。如此，就能在短时间内创造出购买的必要性。例如，一艘巨轮正在下沉，救生船推销员能够轻而易举地说服船长毫不迟疑地买下他的货。

然而，这种赶在顾客身陷绝境的时刻做买卖的机会并不常见。因此，销售并非急需的商品时，比如责任保险、安全带及灭火器等，推销员必须在紧急的情况出现之前制造出紧迫感，而不是在事故之后。

显然，只要能使客户产生强烈的欲望，急于得到你的产品，那么成交率就会直线上升。下面是一些制造紧迫感的策略：

（1）在涨价之前购买

在销售活动中，价格是不断变化的，所以应经常利用这一点去刺激顾客，促成交易。“我们准备在本月底提高这款车的标价，所以我建议你今天就买下来。”当然，说话之前，你必须要确信公司已经宣布涨价，不能搞欺诈炒作。

服装厂代表说：“本公司正在考虑再次提高纤维织物的价格，所以我准备马上呈递你的西服订单，以便能够以低价发货。”只要有通货膨胀存在，物价上扬的可能性也就会存在，这也就是刺激顾客迅速做出购买决定的关键因素之一。

（2）限时报价

你可以随时从报纸及电视广告中看到这种限时报价。商场和超市都在运用这种技巧出售所有商品，不管是弹簧床垫还是冰镇橙汁。

例如，一位零售商会说某某报价在某段规定时间内有效，顾客要是错过的话，就会失去获得好交易的机会。限时报价是如此的有成效，这就不难解释为什么美国公众常常被铺天盖地的鼓动性广告所包围。

（3）“争分夺秒”的交易

研究发现，每一个推销员都有一个这样或那样的时钟，你的工作就是去说服顾客必须争分夺秒。时钟走得越慢，顾客失去的越多。一个出色的计算机推销员会指出，如果不换新系统，顾客原有系统的低效率将会减少顾客的利益。一个房地产经纪人会强调说，如果顾客不购买而是租赁某处房产的话，他将花费更多的钱。

从卖房子到卖车子，从推销冰箱到推销空调，不管推销的是什么，这种争分夺秒的技巧都能够起作用。你所要做的就是稍加想像，针对不同的产品，不同的顾客，“量体裁衣”地制定恰到好处的成交妙计。

（4）竞价出售

想像一下，当一大群买主在拍卖会上激烈竞价时，卖方能够以最高价卖出产品的有利氛围就出现了。从推销员的角度看，这是一种制造紧迫感的理想方式，因为顾客们被迫做出迅速的购买决定。如果你听到过专业的拍卖师说话如何急促催人的话，你就明白顾客必须做出多快的反应。这一切都是瞬间完成的，某人举起手来，某人在交头接耳，直到最高价产生。

例如，一位房地产经纪人手上有一处很不错的住宅，并且估计会很快推销出去，那他就可能发动一场竞标大战。具体的做法是，在推销的前两天，他带 10 位顾客去看房，并通知他们说，他们可以用 24 小时的时间递交投标书。经纪人然后再设定一个底价，等待竞标开始，最后，他就能将那套住宅卖给出价最高的人。

（5）欲购从速，过时不候

推销垄断性产品或别处不易得到的东西同样能制造出紧迫感。譬如，一个房地产经纪人对一处住宅拥有独家推销权，你要是只想买这套房屋的话，那你除了和他交涉外就不可能把它买到手！

一个商人打电话要求订一张去多伦多的机票，对方回答说："先生，我们只剩下两个空位了。要是您想要的话，我建议您马上就订下来。"虽然他不一定非得去那么早，但担心错过航班，因为他必须在那天下午赶到多伦多，所以这位商人确认了他的预订。这下你该明白了，无论在什么时候，只要产品数量有限，就可能制造出紧迫感来。

（6）时间就是一切

每一个人都懂得时间的重要性，运用这一点制造紧迫感是非常有效的。如果是推销房地产，你没有必要对顾客说："艾伦，我相信你明白生意场上'时间就是一切'的含义。我觉得要是你今天放弃购买这套房屋的话，你会感到很后悔，难道不是这样吗？"

给客户制造紧张感，必须让他们感受到时间的急迫。如果他们无法在短时间内作出决策，那么很可能错失良机。于是，客户就有了紧迫感，自然可以加速销售的成交。

心理策略

湍急的流水飞快地奔流，以致能把巨石冲走，这是流速飞快形成的水势；鸷鸟高飞猛击，以致能捕杀鸟兽，这就是短促迅猛的攻击节奏造成的。所以，销售人员为了与客户达成交易，必须制造有利于成交的形势，在心理上对客户产生一种压力，逼迫着他按照你的计划去行动。

第十一章

心理降服术

——瞄准心理弱点，抓住客户软肋

对于销售人员来说，客户的优点几乎毫无意义，但是客户的弱点却意义非常。每个人都有其致命的弱点，只要能充分利用其要害之处，掌握主动，攻其不备，则可无往不利，战无不胜。只有掌握了这个道理，才能在销售行业中游刃有余。

1. 抓住客户的致命弱点

“欲成天下之大事，须夺天下之人心”，其中重要的一步就是要抓住对方的弱点。每个人都有其致命的弱点，只要能充分利用其要害之处，掌握主动，攻其不备，则可无往不利，战无不胜。

在销售过程中，如果能抓住客户的致命弱点，掌握主动权，往往会使事情达到事半功倍的效果。商场如战场，知己知彼，才能百战不殆。当然，在想办法抓住对方弱点的同时，还应当极力避免对方抓住自己的弱点，以免受制于人。只有握了这个道理，才能在销售业中游刃有余。

印度画商在欧洲比利时的一间画廊里举行画展，一位美国画商看上了其中的三幅画，询问价格后对其报价极度不满。因为，印度画商带来的这批画，每幅要价都在 10 至 100 美元之间，惟独对美国画商选中的这三幅画要价很高，每幅要 250 美元，一文不让。二人激烈地讨价还价，争得不可开交。

面对这种敲竹杠的行为，美国画商愤愤地说：“你这不是明摆着坑我么？你要是把价钱降到 100 美元我就买。”不料，印度画商一听大为生气，抓起三幅画中的一幅，当场就给烧掉了。美国画商眼睁睁地看着自己喜爱的画被烧掉了，却无能为力，心里觉得甚是可惜。赶紧说：“我每幅加价 100 美元，你把剩下的两幅画卖给我吧。”听罢，印度画商还是毫不让步，坚持每幅画要价 250 美元，一点儿也不能少。美国画商还是觉得价钱太高，不愿成交。令美国画商意想不到的是，印度画商又抓起剩余两幅中的一幅画毫不犹豫地烧掉了。

这下美国画商终于沉不住气了。因为他酷爱收藏名人字画，视之如珍宝。看到字画被烧，心痛不已，只好低声下气地乞求印度画商千万不要烧掉这最后的一幅画，表示愿意出250美元将其买下。印度画商乘胜出击，一口咬定这最后一幅画非750美元不卖。美国画商乖乖地付了款，不敢有任何反抗。

印度画商正是由于抓住了美国画商的弱点，即其爱画的心理，然后出奇不意，所以才最终达到了自己的目的。在竞争激烈的销售行业也一样，要想立于不败之地，就必须在与客户过招的过程中，找到对方的致命弱点。抓住对方的弱点，就能掌控对方于无形中。

（1）收集客户资料

想要抓住客户的弱点，就得先掌握客户的第一手资料。如能把客户个人资料运用得好，它可以成为你制胜的法宝。可以通过上网查询、翻阅以往的交易案例、或向其周围亲朋好友暗中了解等等。也可以在与其接触的过程中通过观察其行为或说话方式，甚至着装打扮来收集客户的独家个人资料。

（2）分析客户，找出弱点

根据收集来的这些资料，仔细地研究你的客户，找到客户的长处和短处，最重要的是要抓住对方的致命弱点。“趋利避害”是人的本性，对于每个人来说都是一样的，所以只要掌握了一个人想要得到的“利”是什么和最惧怕的“害”是什么，就很容易占据主动权，在关键时刻起死回生。

（3）乘其不意，出奇制胜

抓住客户的致命弱点以后，接下来的任务便是找准时机，在对方没有觉察的情况下，迅速出击，攻其不意，给他来个措手不及。这一步最关键的就在于“时机”二字，所谓时机，不能过早也不能过晚，必须恰逢其时。如果时机没选对，不但会辜负自己收集资料和分析客户的辛苦，而且可能导致交易终止。

心理策略

想要影响他人，就必须先了解他人。抓住对方的致命弱点，攻其不备这一策略运用得好，可以起到意想不到的效果。在销售中，免不了遇到各种各样的客户。想要拿下生意，只有先找到客户的薄弱环节，然后从其薄弱处下手，攻其不备，才能出奇制胜。

2. 将客户敌意消于无形

与人相处，无论出于什么原因，总是难免发生冲突。在与客户交流中也是如此。如果客户因此而对你产生敌意，而你又没有及时化解这些矛盾，后果将不堪设想。生意谈不成不说，还会给自己多设一个障碍。

俗话说："多个朋友，多条路。"出于顾全大局，也为自己以后的发展着想，又不宜让矛盾再次激化，一定要善于将敌意消于无形，将"坏事"变为"好事"，从而在最大程度上为自己创造一个和谐的人际关系环境。

富兰克林总统离世已一个半世纪，但他巧妙地运用心理办法化敌为友的做法仍值得我们学习。

富兰克林总统年轻时，把所有积蓄都投资在一家很小的印刷厂里。因为他想通过自己的努力获得为议会印刷文件的工作。但是却碰到了一个非常不利的情况，那就是议会中一个极有影响力的议员很讨厌富兰克林，甚至公开斥骂他。要知道这对于富兰克林获得会议印刷文件工作来说是非常不利的，因此，富兰克林下定决心化敌为友，使对方喜欢自己。

这位议员的图书室里藏有一本十分特殊而稀奇的书，议员对其更是有别于其他书籍。于是富兰克林决定抓住议员的这个心理特点来做文章。他给这位议员写了一封信，表示特别想拜读这本书，请求其把它借给自己几天，一睹为快。

议员感到了富兰克林的诚意和友善，且从富兰克林急切想要拜读自己书这件事儿上获得了极大地心理满足。于是马上命人把那本书送了过去。过了大约一周的时间，富兰克林把书还了回去，同时附信言辞恳切地表达了自己的谢意。

然后奇迹出现了，当富兰克林又一次在会议上和议员相遇时，这位议员居然主动跟富兰克林打招呼并且极为有礼。富兰克林知道自己成功了，从那以后他们变成了很好的朋友。

面对客户的敌意，切忌逞一时之快。想要达成交易就一定要冷静的采取对策，运用你进我退，以柔克刚的太极推手，将客户极具威胁性的敌意化于无形之中。

（1）重视沟通

在交往过程中，客户难免会对我们产生一些不可避免的误解，这时重要的不是意气用事，而是通过沟通去化解怨恨，改善彼此的关系。找个合适的机会，大家心平气和地说一说，把问题说开了，把情况了解清楚了，误会往往也就不攻自破了。只有积极主动地去沟通交流才能改善局面，掌握大局。

（2）勇于认错

想要成功就不要怕出错，知错能改善莫大焉。如果客户由于某些原因产生一些不好的情绪，而你又想让这笔生意继续做下去的话，就先服个软、认个错。有的时候确实是自己某些方面做的不好惹客户不高兴，也可能是由于产品的原因，当然也不能排除有些客户本身难缠，蛮不讲理。但是，不要害怕认错，不要觉得委屈，认错时抱着一种“有则改之，无则加勉”的原则即可。重要的是要学会把认错当做让对方闭嘴的利剑。这是一种将会制造惊人沉默的经典法宝。

（3）礼貌示好

好的处世心态，亲和的态度，很容易求得好的关系。当得悉客户对自己怀有些许敌意时，一定要学会向对方示好，抬高对方的自尊，对方一高兴，就可以减少或消除一些敌对之意，甚至对你产生好感。这也就是“伸手不打笑脸”的道理，如此一来化敌为友、拿下订单便是十分简单的事。

（4）适时转移话题

对于破坏双方友好气氛的问题一定要适时避开，否则按着这个谈话方向发展下去会使前面所做的努力功亏一篑。转移话题时尽量显得自然，先与客户所谈问题有些许的联系，再慢慢地转移话题。这样就可以聪明地扼杀客户不好的情绪于无形之中。

（5）巧妙运用“中间人”

在客户已经对你怀有敌意，而在你百般努力之下形势也没有好转的情况下，最好停止与其直接的接触。因为，既然你已做过努力但却无济于事，说明客户这时的情绪已经无法控制了，再说下去也是一样的结果，甚至越来越糟。倒不如先让其冷静一下，然后找一个双方都能接受的中间人，请他在中间代为传话。通过这个中间人去了解对方发生误解的原意，同时向客户解释清楚自己的本意，然后商量出妥善解决的方法。

心理策略

就算再小心翼翼，已无法避免客户不满情绪的产生。若是针尖对麦芒，必会两败俱伤。忍一时风平浪静，面对客户产生的敌意，要善于去把握，并积极的化解。只有“化敌为友”的策略才能保证到嘴的鸭子不会飞走。

3. 多留意客户的生活细节

人生在世，除了事业之外，免不了吃喝玩乐，客户也不例外。在与客户交往中应多留意其生活细节，特别是其嗜好，并熟记于心。若能在恰当的时候投其所好，则更容意为自己创造机会，成就事业。

潘帅是一保险推销员，曾向一位大制造商推销人寿保险，但一次也没有成功。

又一次他来到这位大制造商的办公室，礼貌地说："您好，我是人寿保险推销员，能否打扰您五分钟的时间……"不等潘帅把话说完，制造商就很不耐烦地打断了他："没时间，没时间，忙着呢！小李（制造商的秘书），送客，以后不要让这种搞推销的进来！"潘帅也不好再说什么，说了句："打扰您了"便出来了。

但是，潘帅并没有放弃这一单大买卖，他开始通过各种渠道了解这位大制造商。终于发现原来这位大制造商本是四川人，虽然早已在北京居住，但是还是特别喜欢吃火锅，经常与朋友一起去一家叫"特色四川火锅"的饭店吃饭。掌握了这个信息后，潘帅决定当晚便去这家饭店门口去"守株待兔"，饭店并不大，但是生意却很火。

六点、七点……八点半的时候，潘帅兴奋地看到大制造商的车开了过来，里面有他的两位友人。潘帅躲在一旁，适时出现，表现出偶遇的样子与大制造商打招呼。大制造商显得很惊讶，问："你怎么在这儿？"潘帅解释说自己喜欢吃火锅，朋友推荐了这家饭店。制造商听后很高兴说了句："原来你也好这口，就你自己嘛，不介意的话就一块儿吧。"潘帅一听心里就乐开了花，怎么会介意呢。

吃饭过程中，潘帅并没有提保险的事儿，而是像朋友一样拉家常，聊小孩儿。倒是在快吃晚饭的时候，制造商自己提出了保险的事儿，并让潘帅有空去一下他的办公室。

第二天，在办公室，制造商给了潘帅一笔订单，虽然数目并不是很大，但是潘帅感觉这是自己最成功的一次推销。此后他又陆续收到这位大制造商的很多订单。"

潘帅正是抓住了制造商常去吃火锅的习惯，才为自己赢得了这次机会。有时候多留意一下客户的生活细节并不会花很多时间，却会给你带来意想不到的收获。

（1）了解生活习惯，顺其自然

一个人的生活习惯一旦形成，是很难被改变的。在与客户交往中，把握对方的一些生活细节，对于交易的成功起着至关重要的作用。譬如，有些人很顾家，每天已经习惯了晚八点准时回家，那就不要在八点以后邀约。既避免了被拒绝的尴尬，又让对方感受到你的体贴和细心。

（2）掌握特殊嗜好，投其所好

在生意中，投其所好是最常用的营销手段。之所以称为嗜好，就是说一个人对某种东西已经达到了无法抗拒的地步。我们正好可以利用客户的嗜好作为突破口，对其展开攻势。这样就大大地提高了作战成功的可能。

（3）分析性格品行，见机行事

人各有情，各有其性。与人办事，一定要先弄清这个人的性格。如果不分青红皂白，不看对象，难免会冒犯人家，把事情办砸。对于喜欢被奉承的，你就多说几句好话，把他哄开心了，生意也就做成了。对于性格急躁的人，最好直入主题，干净利落，过多的客套反而会使他产生不好的情绪。

心理策略

有些寻常的生活细节，在普通人看来再平常不过，但是高手却能从中抓住机会，玩出来名堂来。投其所好，便可与之产生共鸣，拉近关系；投其所恶，便可激怒其按照你的意愿办事。

4. 面谈之前探察对方性格

客户的性格是我们与其办事的最佳突破口。每个人由于生长环境、教育程度、兴趣喜好等各方面的不同，形成的性格也不尽相同。与人办事，要学会见什么人说什么话，依据其性格“对症下药”，才能“药到病除”。

春秋时期，田开疆、古冶子、公孙杰三勇士被称为“齐国三杰”，深得齐王宠爱，不可一世，甚至与齐王“你我”相称。乱臣趁机收买了他们，阴谋夺权。相国晏婴为避免这股恶势力扩大，危害国政，遂决定找机会除掉奸党的主力，也就是三勇士。

一天，邻邦国王鲁昭公带叔孙来齐访问，齐王设宴款待，文武官员全体列席，当然也包括三勇士。酒过三巡，晏婴向齐王请奏，说御园金桃已熟，正好宴客。并请齐王允许其亲自监摘。齐王准奏。不一会，金桃摘回，一共六个，个个大如碗口，香浓红颜。

两位大王各取一个，赞不绝口。又赏叔孙和相国各一个，这时盘里只剩下两个金桃。晏婴向齐王请示，传谕文武百官，各自报功，功高者得此仙桃。

勇士之一公孙杰以打死吊睛白额虎，解解齐王之围邀功。晏婴说，保驾之功，应当受赏。公孙杰接过金桃，傲眼横扫左右。

古冶子甚是不服，心想，区区一只虎有什么了不起。遂以惊涛骇浪之中，沉浮九里，斩断龟头，救齐王于黄河之中邀功。齐王说，甚是难得，若非将军，后果不堪设想。于是把金桃和御酒赐给了他。

另一位勇士田开疆坐不住了，气愤地说："我奉命攻打徐国，威震邻邦，使他们上表朝贡，奠定齐国盟主之位，不知这算不算功劳？该不该赏？"齐王安慰田开疆说："田将军功劳确实最大，可惜你说的太迟了。"田开疆情绪激动，按剑大嚷："我为国血战，反遭冷落，受辱于两国君臣面前，为人耻笑，还有何颜面立于朝廷之上？"说完便拔剑自刎而死。

公孙杰吃惊之余，亦拔剑说道："我等功小却夺大将军之赏，于情于理，说不过去。"遂手起剑落，倒于血泊。古冶子跳起来，几乎发狂："结拜兄弟，誓同生死，岂可独生？"也自杀了。众人想制止也来不及。

两个桃子杀死三个勇士着实让人惊叹。晏婴正是抓住了三人不能忍耐自己骄悍之勇的性格，才达到了自己的目的。与客户谈生意之前也一样要先探察对方性格，只有把握性格，才能因人而异地采取对策。

（1）沉默型

这类型的客户在听销售介绍产品的时候不多说话，不轻易表明态度，让人捉摸不透。面对这样的客户一定不要频繁地询问意见，也尽量避免用情景描述或夸大事实的方法。因为性格决定了他不会短时间内作出决定，通常客户要回头慢慢地分析才能决定，所以应对他们最好的方法便是通过数据罗列，直接有效的方式让其认知项目。

（2）无主见型

这类型的顾客是对销售产品介绍认同最多的，一般会顺着对方的意思说，自己对事物的看法也很容易根据别人的意思而发生改变。对于这种性格的客户，尽量不要运用大量数字，拿下他们的订单最关键在于先取得他们的信任。

（3）开朗型

这类型的顾客喜欢滔滔不绝地表达自己的意见，率直、开朗。对于他们要想方设法通过各种手段来调动情绪，及时赞美，快速发问，加快整个交流的速度。除此之外要尽量多一些引导，让他们不断作出明确的回复，这样有助于心理暗示。

（4）固执型

这类型的顾客有着强烈的控制欲，且没有耐心聆听，固执己见。所以介绍产品时一定要简单明了地向客户说明，且不要表达太多自己主观的东西或用太多的形容词。因为你说了也白说，他只关心他想知道的问题，只固执于自己的想法。

心理策略

性格决定命运，也决定顾客的购买行为。要想在销售中取得成功，就要收集信息，分析客户性格，并恰当地运用技巧，对症下药。

5. 满足客户的心理价位

满足客户的心理价位，并不是说要一味的降价，而是要做好定价。不少做销售的其实并没有意识到定价的重要性。做好定价不仅能取得高额利润，而且还能满足客户的心理价位，让客户掏了钱也高兴。

王斌新开了一个理发店，通过调查附近的行情发现，剪头发加护理的价位一般在30元左右，于是便将价格定价在30元。可是一个月过去了，理发店的生意并不好。虽然自己要价已经很低了，但是顾客还是觉得太贵。

于是，王斌决定改变策略，他将这项服务分为三等，上等80元（总监，活动价60元），中等60元（高级理发师，活动价40元），下等30元（普通理发师，活动价20元）。结果生意很是红火，顾客比以前增加了很多，销售额也上去了。

而且，大部分顾客会选择中等活动价40元的服务。首先顾客会觉得这个店在做活动，比平常便宜，物超所值，所以会首选这家店而不是其他。其次，从心理学的角度分析，人们在面对三个层次的价格选择的时候，多数会选择中间价位。所以，王斌不会因为太多人选择下等服务，即使过多人选择下等也只会薄利多销，不会降低其收入。

王斌正是利用了顾客的心理，巧妙地定位所以才使自己的生意红火起来。所以做销售一定要掌握基于客户心理的定价技巧。下面总结的是非常实用的一些基于客户心理的定价技巧。

（1）巧用“特价优惠”

客户都有占便宜的心理，所以许多服装或餐饮商品一旦被标上“特价优惠”，销量立马会增加许多。哪怕价格并没有比原价少，客户还是买的不亦乐乎。从心理学上分析，这是因为客户认为现在价格比平时低，机会难得，不买反而好像吃亏了似的。但是也要注意，特价优惠不可滥用，否则会适得其反。

（2）用价值说服客户

做的好的销售员会尽量推迟提价格的时间，因为价格是你和客户关系中的一个负面消极因素。虽然客户都向往价格越低越好，但是更希望自己所购买的产品物超所值。介绍好产品的性能，让客户意识到产品所带来的价值，然后再去给客户要价的时候，他就会比较容易接受。

（3）妙讲数字与百分比

数字和百分比虽然表达的数学意义是一样的，但是给人带来的直观感觉却有很大的不同。在给客户打折时直接说减多少钱，会让客户感觉优惠多，但是要说百分比的话，会不容易激起顾客购买的欲望；收费时则要讲百分比，这样会让顾客感觉少掏得多。

（4）利用中间价位

正如上面例子中所讲的那样，当三个价位的同一种类型但不同层次的服务摆在自己面前的时候，多数人会选择中间价位。所以，在销售中可以利用这一点来掌控顾客心理，让顾客心甘情愿地按照你的意愿做选择。

心理策略

把握客户的心理定价技巧，对于搞好销售极其重要。当客户坚持认为你的产品价格太高，销售者采用赠送、折扣策略，这样就很容易抓住顾客。这种让步在不损害实际利润的前提下反而会增加你的收入。

6. 抓住大客户的软肋

上帝即使无所不能，也有打瞌睡的时候；再难缠的客户，也有其心理弱点。这个弱点，对客户而言，就好比他身上的软肋，是其防守的薄弱处；但对销售者而言，却成了进攻的突破口。只有先认清各种类型客户的心理弱点，然后才能“对症下药”，最后一举取得销售的成功！

销售，是销售人员与客户之间心与心的互动。销售的最高境界不是把产品“推”出去，而是把客户“引”进来！所谓“引”进来，也就是让客户主动来购买。可以说，销售是一场心理博弈战，谁能够掌控客户的内心，谁就能成为销售的王者！在销售的过程中，恰当的心理策略能够帮助销售人员取得成功，使得销售行为的效率最大化，从而创造骄人的业绩。

赵强是一名普通的销售员，每天提着包穿梭在城市的商务楼之间，一层一层的挨家去推销产品、积累顾客。不但经常被人从办公室里轰出来，更糟糕的是几百张名片发出去了却从来没有接到来电咨询。

赵强开始琢磨怎样的名片才能从公司老总办公桌上那厚厚的一摞销售员名片中脱颖而出呢？又怎样才能让客户眼前一亮，摆脱转身即进垃圾桶的命运呢？”

赵强突发奇想，立即到银行换了两百元的五角面值的硬币，然后把每张名片后都沾上一个五角面值的硬币再塑封起来。

特殊的名片做好了，还得准备好一套说辞。赵强深知自己只是一名普通的推销员，每月工资几乎没有多少剩余，而这种名片的成本又比较高，所以做了详细的计划。当然不能什么人都发，一定要瞄准目标，最大可能地挖掘潜在大客户。目的就是吸引大客户的好奇，这样就有机会交谈，交谈就有机会交心，交心就有机会交易。

由于名片的特殊性，总是能引起一些大客户的注意，即使在一摞销售名片中也显得“高贵”许多，这给赵强赢得了很多客户源。

赵强一方面是利用新奇来吸引到顾客的注意，另一方面也抓住了人们爱财的软肋，没有人会拒绝钱财，无论面值大小。所以想要在销售中赢得更多的交易，一定要学会抓住大客户的软肋。

（1）善于观察细节

要想抓住客户的软肋首先得注意观察，然后敏锐地抓住其某一方面的弱点，因势利导，对客户进行种种暗示，给其一个购买的理由。学会发现、唤起甚至创造客户内心对于产品和服务的需要，然后恰到好处地对其进行说服。

（2）找到客户需求点

要使说服获得成功，就要找到客户的需求点并及时满足客户。当你成功地把销售的理由变成客户需要购买的理由时就已经成功了。以客户为中心，以需求为导向，找到客户的软肋——这，才是说服的关键所在。

心理策略

销售行业的竞争压力是很大的，想要使自己在这个行业脱颖而出，受众人瞩目，就必须掌握销售的本质，那就是研究客户的弱点，抓住其软肋，然后去吸引他、控制他。

7. 掌握客户的需求偏好

许多销售人员都会犯这样一个低级错误，那就是关注自己太多，而对客户需求偏好的关注却少之又少。由于消费者差别化、个性化的消费需求，销售人员应该站在不同顾客的立场上去体会他的想法和需求。只有基于客户需求的销售才会创造价值、形成竞争力。

张瑞敏是海尔公司的 CEO，一天他接到一位农民的投诉，抱怨洗衣机排水管老是被堵。于是便派服务人员上门维修，结果发现这位农民居然用洗衣机洗地瓜，由于泥土太大，所以容易堵塞。老农一句：“如果能有洗地瓜的洗衣机就好了。”把服务人员逗乐了。但是，服务人员还是帮其加粗了排水管。

回公司之后，服务人员把此事当笑话讲，但是，张瑞敏却眼前一亮，说：“满足用户需求，是产品开发的出发点与目的。我们可以开发创造出一个全新的市场。”

经过调查，张瑞敏发现四川农村有不少洗衣机用过一段时间后，电机转速减弱、电机壳体发烫。向农民一打听，才知道他们冬天用洗衣机洗红薯，夏天用它来洗衣服。

1997 年海尔为该洗衣机立项，成立以工程师李崇正为组长的 4 人课题组，1998 年 4 月投入批量生产。洗衣机型号为 XPB40 - DS，不仅具有一般双桶洗衣机的全部功能，还可以洗地瓜、水果甚至蛤蜊，价格仅为 848 元。首次生产了 1 万台投放农村，立刻被一抢而空。

张瑞敏说：“对顾客的要求说不合理是不行的，开发出适应顾客要求的产品，就能创造出一个全新的市场。”由此可见，海尔的最大优势在于对于客户需求的强烈关注。

正是因为海尔人形成了对客户需求“敏感”的习惯，使得海尔产品的研发有了正确的创新方向。海尔借助这些创新的产品取得了令人瞩目的成就。只有充分了解并把握客户的购买特性与需求，才能更好地向其提供服务，创造财富。

（1）解决客户的表面需求

如果客户明确地提出需要什么产品或服务，那是最简单不过的了。你需要做的就是在维持一个友好和谐的沟通环境下，饱含热情地按照顾客的需求为其介绍产品、提供服务。

（2）挖掘客户的潜在需求

客户并不是没有需求，只是在某些时候，他并没有发现自己的潜在需求。这个时候你就应该帮他们去发现、并通过友好的提醒和引导来达到满足客户的需求。

（3）重视客户遇到的问题

客户最需要被提供的服务和亟待解决的问题往往也是客户最深层次的根本需求。一个强烈关注客户需求，并具备敏锐发现力的销售人才有可能像张瑞敏一样创造出一个全新的市场。

心理策略

想用户之所想，急用户之所急。客户有问题，我们要善于发现，并帮他找到深层次的原因，提出解决方案。客户的需求中往往隐藏着巨大的商机。切记，能把握客户需求者才能把握财富。

8. 妙用客户好面子的特点

中国人最大的弊病就是好面子，老百姓是这样，领导是这样，客户也是这样。巧妙地利用客户好面子的特点，多给其留些面子，甚至替其长长脸，客户就会乖乖地“听话”。

曾有一个心理学家做过这样一项研究，被称作“导致顺从的互让过程”。心理学家将参与实验的数名大学生分为两组。

心理学家首先请求第一组大学生花费两个小时带领少年们去动物园玩一次，但是只有六分之一的学生答应了。

接着，心理学家来到第二组大学生面前，请求他们花两年的时间担任一个少年管教所的辅导员，当然是义务劳动，不会给任何报酬。这是一件费时费力的苦差事，几乎所有的大学生都拒绝了。心理学家又提出了一个小要求，请他们带着少年们去动物园玩两个小时。结果，一大半的大学生都答应了这个请求。

心理学家认为这是一个“留面子效应”。留面子效应的产生主要是因为人们在拒绝别人比较难的需求时会感到自己没有能够帮助对方，而损害了自己乐于助人，富有同情心的美好形象，并会因为感觉辜负了他人对自己的良好愿望而感到内疚。为了恢复在别人心目中自己的良好形象，也为了达到自己的心理平衡，如果对方在这时再提出相对容易的一点小要求时，便会欣然接受。

心理实验证明，“留面子效应”的存在使得想得寸先进尺的手段往往能促使目标的实现。在销售行业中，“留面子效应”也很常见。妙用客户好面子的特点能为销售赢得极大效益。

（1）适当地要高价

客户都乐于打折、优惠、砍价之道。如果你本身就把价格要的比较低，没有了降价的空间，客户就会感觉太贵而放弃购买。相反，如果给顾客一个讲价的空间，交易就会很容易成功。这是因为客户一方面通过自己的“聪明才智”杀到了这么一个低价格，会感觉物超所值，占了便宜。另一方面已经和销售员讲价了这么长时间，人家把价格也降下来了，自己不买会觉得没面子。

（2）善用“留面子效应”

如果在商场中看到同样的商品，一个标价较高，另一个标价较低，顾客一般都会觉得标价低的这个商品很便宜，甚至会猜想是不是营业员弄错了。这种情况下，顾客一般会选择不管怎么样，二话不说先买下来再说。即使这是一个小小的“骗局”，顾客也会心甘情愿地往里跳。所以在销售中学会运用“留面子效应”会占很大优势，因为这个简单的“小伎俩”很容易达到令人满意的效果。

心理策略

“抹不开面子”是人们普遍的一个心理弱点。做销售，想要让客户高高兴兴地“上当”，就得抓住其好面子的弱点。只要你能够给足顾客面子，顾客就会用钞票来回报你的。

9. 拿捏客户的攀比心态

每个人的心里都会有阴暗的一面，总是会忍不住的和别人比东比西。攀比是消费者的一种赶时髦的偏好，即想拥有一种其他消费者已拥有而自己还未有的东西的一种心理。在销售时，若能准确拿捏客户的攀比心理，就能很好地促进销量的增加。

萧萧刚买了一件今夏新流行的碎花裙，兴高采烈地推开宿舍门，只见欣欣坐在床上看书。萧萧得意地拿出裙子显摆："欣欣，看我新买的裙子怎么样?"欣欣惊讶地说："呦，真漂亮，这可是今年的新款呢。"萧萧得意地说："那当然了，ONLY 的，花了我四百大洋呢。"

欣欣看着萧萧穿上裙子的样子，心里满是羡慕，心想要是自己要是也有一件该多好啊，不禁联想自己穿着肯定比她漂亮很多。可是一想到自己家里并不富裕，而那样一套裙子要花掉起码三四百块钱呢，就放弃了要买的愿望。

一个星期天，在和同学一起逛街的时候，欣欣一眼就看中了一套名牌的碎花裙装，比萧萧的那件更胜一筹。盯着看了又看，虽然很喜欢，但是欣欣从来没敢去想自己也买一件。就在她准备转身离开的时候，店员走了过来说："这是今年的新款，很时尚，很多像您这样的漂亮女生都拥有这样一件裙装，而且您身材有这么好，穿着肯定特别漂亮。"

这句话一下说到了欣欣的心里，心想："为什么别人都能拥有，我却不能。"再加上同学在边上一再赞叹这件裙子与欣欣的气质特别搭，欣欣有些动摇了。店员抓住欣欣的心理又说："女孩儿年轻就这么两年，不穿就没时间了，你们学校好多女生在我们家买裙子呢，评价都特别好!"想了又想，欣欣一咬牙、一跺脚便花一个月的伙食费把这件裙装买了下来。

我们暂且不去评论欣欣是否应该花父母的辛苦钱去买这么一件对于农村家庭来说价钱不低的裙子。不可否认的是攀比心理确实在促使欣欣下定决心购买裙子的过程中起到了决定性的作用。店员正是抓住了欣欣的这种心理成功地将其拿下。

（1）强调产品运用的普遍性

当一项服务、产品或身份开始慢慢被普遍获得，并且开始逐渐形成一种趋势时，顾客就会觉得别人都有了，我也得去搞一个，要不然我就落后于别人了。所以在销售中，要尽量的通过描述，让顾客意识到，拥有这样一个产品已经成为很普遍的一件事。只要让他感到除了自己好像每个人都拥有了似的，就会成功地促使顾客产生一种攀比心理，并拥有强烈的购买欲望。

（2）多拿顾客的同类作比较

相对于一般不相关的人来说，与同类人作比较，更容易激发起消费者的攀比心。所以客户在面对某个产品时，如果被告知同类人都拥有，即使这些东西对他并不一定有用，他也会购买，因为有没有用并不重要，重要的是如果没有，他就会觉得低人一等。

心理策略

大到国家，小到个人都有攀比的心理。许多人会把这种潜意识的攀比当成自己平日生活、工作的一部分。销售人员若能运用好客户的这种心理，就能刺激其购买的欲望，从而达到自己的销售目的。

第十二章

心理攻坚术

——临门一脚，在与客户攻防中成交

销售是以结果论英雄的游戏，没有成交，再好的销售过程也只能是风花雪夜。所以面对迟迟不肯下单的客户，销售人员往往会采取“逼单”的策略。逼单成功，万事大吉；逼单失败，功亏一篑。所以逼单也得讲究技巧，不能乱来。

1. 减少客户对风险的担忧

现代商业社会中存在着许多消费陷阱。客户为此吃尽了苦头，因而由此心生不安全感。这种对产品或服务的不安全感是影响他们实施购买行为的一大障碍。销售中若采取适当的方式消除客户对风险的担忧，就很容易让他们放心大胆地购买你的产品。

王先生在孙海的果园转了又转，还是下不了决心下订单。他也有他的顾虑，所以向孙海提出疑问："上次在一家果园进的苹果，虽然个大、卖相也不错，但缺点是一般存在味涩、不脆、没有太多水分的现象。搞到市场上以后，刚开始卖得还不错，但是慢慢就没生意可做了。最后剩下的苹果卖不掉就都坏掉了，害我亏了不少钱。"

对于这个问题，孙海给客户解释说："像您反映的这种现象，一般是用药物催红苹果而导致的。因为这种苹果的生长期太短，所以比正常生长的苹果在口感上会差很多。我们果园的水果全都是自然生长的，绝对没有运用任何的催生技术。您可以随意从树上选一个，我给您摘下来尝尝您就知道了。"

尝过之后王先生觉得很满意，但是还有顾忌。这时孙海察觉到了王先生的担忧，说："王先生您可以完全放心，凡是我们果园出的每一个苹果上都贴有无公害农产品的标签，保证每箱苹果里绝无参杂不良品。若有什么问题，您尽管再给我拉回来就是了。"

听到孙海这么说，王先生总算放心了，并且很痛快的下了订单。

每个客户都曾犯下过许多次购买错误。对失败的害怕心理及不安全感会导致客户不敢随意购买产品或服务。因此，要想拿下订单，就要首先消除客户对风险的担忧，直到客户不再犹豫，接受你推荐的产品为止。

（1）提前试用的方法

不管顾客买不买，先热情地让他试一下，因为提前试用的方法，能在一定程度上也就是在心理上减少顾客对产品特别是新产品的一些不安全感。这样一来，客户的疑虑就会很快消除，信赖和信任感增加了，下订单的可能性也就增大了。

（2）售后质量及维修保证的方法

顾客买东西固然是想买质量好的，但是买东西的时候他又怎么知道质量好不好呢？不知道就会产生顾虑，所以就不会那么容易下单。这个时候就需要你来为顾客送上一颗定心丸，那就是售后质量及维修保证。因为这种方法解决了顾客的后顾之忧，所以很容易打动他们。

心理策略

不管是高高在上的老总还是下面的销售人员，都必须懂得客户心理。一次试用，一句保证对于客户来说就像强心剂一样，让他们变得“大胆”。只有减少客户对风险的担忧，才能获得更多的订单。

2. 巧用客户占便宜的心理

用尽可能低的价格求得尽可能多的回报，这种占便宜的消费心理支配着大多数顾客的购买行为。顾客的这种爱占便宜的心理正是商机所在。也就是说，如果你能让顾客有占便宜的感觉，那么顾客就会相对容易购买你的产品或服务。

古时候，有一个店铺，铺里有一件珍贵的貂皮大衣，一直挂了两个月，都没有卖出去。因为价钱太高，要三百两银子，人们只是问问价钱就摇头走开了。

后来，店里新来了一个伙计，自称能在一天之内把貂皮大衣卖出去，要求掌柜的配合他的安排。他对掌柜说，不管谁问这件貂皮大衣多少钱，一定要说五百两银子。

商量好以后，掌柜的在后堂算账，伙计在前面打点。下午，店里来了一位妇人，转了一圈后，看中了那件貂皮大衣，遂问伙计："这衣服多少钱?"伙计假装没有听见，只顾忙自己的，妇人又加大嗓门问了一遍，伙计忙道歉："不好意思，我耳朵有些背，我是新来的，不知道这衣服多少钱，我问一下我们掌柜的"。说完就冲着后堂喊："掌柜的，那件貂皮大衣多少钱?"掌柜答："五百两!"伙计又问了一遍。掌柜又答："五百两。"妇人听得真真切切，心里觉得太贵，不打算买了。这时伙计憨厚地对妇人说："掌柜的说三百两!"

妇人认为肯定是小伙计听错了，心想自己少花二百两银子就能买到这件衣服真是占了大便宜。顿时心花怒放却又害怕掌柜的出来就不卖给她了，于是连忙付了钱就匆匆离开了。

店伙计正是利用妇人占便宜的心理，成功地把貂皮大衣卖了出去。利用顾客的这种心理，适时的表现大方一点让顾客感觉自己占了便宜，会获得意想不到的销售效果。

（1）掌握客户的心理价位

每个客户都有占便宜的心理，但是又不愿意平白无故地占便宜。如果商品价格超出了客户的心理价位，交易很难完成。如果低于客户的心理价位，客户又会对质量产生怀疑。所以把握好客户的心理价位很重要。如果你能在提高客户心理价位的基础上，让对方感觉占到了便宜，你的销售就会变得很顺利。

（2）用优惠活动刺激消费

优惠活动是推动销售最有效的方法之一。商场里的"买就送"、"大酬宾"等活动就是利用了顾客"爱占便宜"的心理。从心理学上来讲，顾客在外界压制下产生强烈心里不平衡时，容易不理智的采取行动。也就是说，顾客在一种"在做活动的时候买会省很多钱，以后买就亏了"的焦虑下，会强迫自己去主动购买。当然，这种活动也不宜太频繁，否则只会适得其反。

心理策略

贪图便宜是人们常见的一种心理倾向，物美价廉永远是客户追求的目标。大多数客户不会在产品的真实价格上追根究底，只要让顾客觉得自己占了便宜，他们就会心甘情愿地“上当受骗”。

3. 利用顾客的冲动心理

相信每个人衣橱里都会有几件因为一时冲动而买的价格不低但是却没怎么穿过的衣服。对于消费者冲动购物过程的跟踪分析研究表明，消费者的冲动行为主要是源于消费者本身的特性和商店环境的影响。

晶晶是一名普通的公司文员。她平时并不是一个易冲动的人，却在今年五一假的时候一下花九百块钱买了两双高跟鞋，那可是她那半个月的工资。

事情是这样的，那天放假，晶晶在商场乱转悠。看到一个不大的店里挤满了人，觉得好奇就走过去看，只听音箱中一个温柔的声音：“尊敬的新老顾客，为了感谢您的支持，我店今天进行酬宾活动，一律半折，仅此一天……”晶晶一下就被吸引了，刚进去，店员就热情地招待：“请随便看看，看中了可以试喔。”晶晶试了好几双，其中有两双她都特别喜欢，不知道该买哪双。正在犹豫不决的时候，店员热情地说：“夏天一双凉鞋肯定是不行的，反正又不贵，就都买回去换着穿呗。而且就今天半折哦，明天再来可就恢复原价了。刚刚还有一个小姑娘一气拿了四双，因为她经常在我们店里买鞋，知道平时的价格，所以觉得今天买很划算……”结果晶晶一冲动，花了九百块钱把两双鞋都买了下来。

卖场陈列、灯光气氛、促销活动等都很容易激起顾客的购买冲动。因此，销售人员要学会利用顾客的冲动心理来为自己赢得更多的交易。

（1）建立与客户之间的信任

顾客不会盲目的冲动，只有在放松警惕的情况下，才会被销售人员调动情绪，采取购物行动。所以，在与客户交谈过程中，销售人员首先应该与顾客之间建立起信任的关系，然后提高消费者的购买兴趣，使消费者快速达成采购决定，瞬间产生强烈持续的购买欲望。

（2）抓住机会，快速出击

在与顾客的交流过程中，要准确捕捉客户瞬间的购买冲动，并全力以赴跟进，以尽快实现签单。因为当客户处于这个“冲动期”时，也是其最不理智的时候，如果把握不住机会，等客户冷静下来，交易成功的几率就会减小很多。

（3）在商场环境上下功夫

商品陈列尽量做到一目了然，达到商品的最大显露度，尽量将畅销货和高利润品放置在顾客视线最先进入的地方以达到吸引顾客的目的。另外要营造良好的现场气氛以提高顾客在现场购物的可能性。顾客都有看热闹的心理，会潜意识的将拥挤程度视为商品受欢迎的程度，围观的人越多，顾客冲动的几率也就会越大。

（4）优惠政策刺激顾客

适当的优惠政策，往往能抓住客户“占便宜”的心理，让其产生强烈的购买冲动。虽然单品的利润会有些下降，但是总体上来说，这种刺激消费者冲动的策略往往能给你带来很大的收益。

心理策略

75%消费者的购物决定是在15秒钟以内完成的，所以说消费者是很容易产生冲动购物的。刺激消费者冲动的方法很多，关键是销售者一定要把握住消费者冲动的时刻，适时出击影响其购买决定。

4. 在“半推半就”中搞定客户

在商品推销的报价还价过程中，一般是由卖方报价，买方还价，然后再经过双方几个回合的较量方可成交。“半推半就”是高境界的一种逼单方法。如果能把这种方法运用合理，就能以气吞山河之势，一鼓作气地将客户搞定，让客户感到一种不可抗拒的力量。

晓汤来到了泰兴通讯店，准备给自己换一部手机。店员按照晓汤的的要求热情地为他介绍推荐了四五款手机，都是经济实惠型的。其中有一款晓汤比较中意，外形和内置都是他想要的。可是手机标价是八百九，让晓汤感觉有些贵。于是，晓汤说：“这个手机能不能便宜些呀?”店员说：“您看我们今天也是刚开始营业，您说个价，要是合适就给您带一个。”晓汤想了想说八百，没有想到店员很爽快地答应了。这让晓汤感觉自己上当了似的，立马后悔了，最后以忘带钱包为由溜之大吉。

随后他又来到另一家手机店，看上了和刚才那部差不多款的一部手机，标价九百二。晓汤同样问能否便宜点。店员：“先生，这已经是最低价了，我们都没有像其他店一样标高价。”晓汤：“你看我也算你们今天的第一波客人，而且也实心想买，您就稍微给些优惠吧。”经过一番口舌战，最后店员终于面带难色地说：“那好吧，我打电话向老板请示一下。”不用想也知道，那位虚拟的老板一定会同意的。最终晓汤以八百五的价格买下了手机，心里很是满足，像占了便宜似的。晓汤不会想到其实这部手机和泰兴通信店的那部手机是一样的出厂价。

销售的过程就是与顾客斗智斗勇打心理战的过程，有时候半推半就的营销策略往往具有良好的效果。

(1) 用“高价”削弱客户

“喊价要高”的策略是推销价格策略中一个常用的策略，称为反向谈判战术。采用这个策略，有助于销售人员在一开始就削弱客户的信心，同时乘机摸清对方情况。但是也要注意，不能漫天要价，信口开河，随心所欲。太离谱的要价会直接把客户吓跑，导致你没生意可做。

（2）用“拒绝”迷惑客户

在与客户交涉过程中，适当的“拒绝”往往是以退为进的良策。客户在被拒绝的时候通常会得到这样一个信息，那就是：“这个商品是值这个价钱的，否则销售员态度不会这么坚决”。所以，适当的拒绝往往会激起客户购买的欲望，成为一个隐形的催化剂帮你完成订单。

（3）用“勉强”搞定客户

销售人员一定要学会在销售的开始提出苛刻的要求，然后再稍作妥协，但是这个妥协必须让对方看到你的“勉强”之意。因为只有这样对方才会感觉到你真的“让步”了，否则他们只会认为自己吃亏了。

心理策略

买东西的时候，人人都希望占便宜。所以，销售中“半推半就”的“勉强成交”策略更容易让客户有赚到了的感觉，也就更容易在“被胜利冲昏头脑”的情况下慷慨解囊。

5. 善用客户的逆反心理

所谓逆反心理是指人们为了维护自尊，而采取与对方的要求相反的态度和言行的一种心理状态。逆反心理人人都有，在某些特定条件下，就会被激活，进而支配着人们的行为活动。销售人员可以利用客户的这种心理倾向来引导他们，如果运用得当，很有可能会使其态度发生 180 度的大转弯。

李先生的私家车已经使用很多年了，所以决定新换一辆车。某汽车销售公司得知这一消息后，派销售人员来向他推销轿车。

销售人员来到李先生家里，详细地介绍了自己公司的轿车性能有多好，多么地适合他这样的公司老板使用。甚至还嘲笑李先生的轿车已经破烂不堪，不能再使用了，否则会有失身份。这种激将法并没有让李先生快速下单，反而使其产生反感和不悦。这种逆反心理让他断然拒绝了销售人员的推销。

随后的日子里，不断有销售人员登门，这让李先生感到烦躁的同时也增加了防御心理。不久又有一名汽车销售人员拜访，李先生心想："不管他怎么说，我也不买，坚决不上当。"可是这位销售人员的言行却出乎李先生意料，他先是看了看李先生的老车，然后说："我看我还是过一阵子再来吧，您这车起码还能用上个一年半载呢，现在换太可惜了。"说完留下一张名片就主动离开了。

过后，李先生想了想还是觉得自己应该换一辆新车，于是一周以后，拨通了那位销售人员的电话，并向他订购了一辆新车。

很多销售人员不懂得客户的逆反心理，只顾滔滔不绝地介绍产品而不顾客户的感受，结果一次又一次地遭受到客户的拒绝。例子中的那位销售人员就是从相反的思维方式出发，巧妙地利用了李先生的逆反心理，从而使他主动购买自己的产品。

(1) 用可信度和好奇心缓解客户的逆反心理

一般而言，销售人员在客户心目中的可信度越高，客户的态度就会越积极，发生逆反心理的几率也就越低。同时，激起客户的好奇心是引导他们进行有效会谈的最佳途径之一。当人们开始产生好奇心的时候，会谈的气氛会变得活跃起来。如果你既能赢得客户的信任，又能激起他的好奇心，就会在很大程度上消除他的逆反心理，从而控制他于手掌之中。

(2) 巧用立场转换支配客户

在消费行为过程中，我们也经常能够发现这样的情形，销售人员越是苦口婆心地把某商品推荐给客户，客户就越会拒绝。当遇到逆反心理比较强烈的客户，要学会利用他的这个弱点，转换自己的立场，从而达到自己的目的。因为对方的逆反心理往往使他们的回答正中我们的下怀，这一技巧就叫立场转换。

心理策略

逆反心理既会导致客户拒绝购买你的产品，也会促使其主动购买你的产品。销售人员要学会从正、反两方面来调动客户的积极性和购买欲望，使自己的销售工作获得成功。

6. 把目标设在退一步的地方

退一步是一种策略，并不是屈服和投降，它其实是一种非常务实、通权达变的智慧。跳高的时候，如果离跳高架很近，想一下子就跳过去并不容易，把跳高架放的比目标高一些，再加大冲力，达到目标的成功希望就会更大。做销售也是一样的，如果要价即是目标，就很不容易达成目标，而如果把目标定在退一步的位置上，经过讨价还价达到目标的可能性就会增大很多。

在非洲草原上，生活着一种奔跑时速达 100 千米的黄羚羊，它跑得不仅比猎豹快，而且转向也比猎豹灵活。有一只年轻的猎豹，只要见到黄羚羊就会拼命地去追赶，虽然经常在突然转弯时常被甩得前仰后合，但是这只猎豹从来都没有放弃过。

猫头鹰将这一切看在眼里，很不解。有一天猫头鹰问猎豹："你为什么明知不可为而为之，去拼命追赶比自己跑得快的猎物呢?"

猎豹说："追赶黄羚羊的过程，可以帮我练就在急速奔跑时转弯的能力，虽然追上黄羚羊的几率比较小，但是当我再去追赶奔跑速度与自己相仿、转弯灵活的瞪羚、角马时，就能十拿九稳地将它们扑倒，这才是我的目标。"

把目标设在退一步的地方，也就是说只有去追求比自己目标更高的目标才能更好的实现自己原来的目标。猎豹如果“实在”的把瞪羚、角马当做自己的目标去追逐的话，永远也不会拥有像追逐黄羚羊一样的速度，更不会达到“十拿九稳”的目标。

（1）声东击西

在战争中经常使用声东击西的计策，第二次世界大战中的诺曼底登陆就是典型的例子。销售中，我们也常常会使用这个计策。譬如说，你本身的目标是让客户买 B 产品，可以声东击西的先向他介绍 A 产品如何好，然后再加一句：“其实 B 产品和 A 产品的功能差不多，只是因为 A 已经停产了，所以价钱上会比 B 贵些。”顾客通常要的是实用，才不会去理会你停不停产，所以这一计策很容易把客户的注意力吸引到 B 上，而且效果绝对比直接向他推销 B 要好得多。

（2）抬高条件

把目标定在让一步的地方，要价要高，让步要慢，当你“步履维艰”地让到目标价位的时候，基本上就可以搞定客户了。若能在谈判时，充分利用这个策略，并争取商榷的机会，将会有意想不到的收获。譬如说，客户的心理价位是 100，你觉得 120 就能卖，那么请要价 150，这样很容易达到目标。再譬如说，客户很喜欢你的产品，打算订单 300 件，而你想让他定 400 件，就说：“我们这儿至少得 500 件才能包邮。”然后经过一番讨价还价，你再顺便送他个“人情”，就说：“行了，400 件吧，就当拉一个回头客。”

心理策略

以退为进既是自我表现的一种艺术，也是生存竞争的一种策略。把目标定在退一步的地方反而更能增加与客户交易成功的可能。

7. 帮客户缩小选择范围

有些顾客天生优柔寡断，他们并不是对产品不满意，也不是不想购买，只是不知道该如何做选择。在销售过程中，销售员最主要的是要抓住主动权，让客户的思路跟随你的思路去走，帮对方缩小选择范围，从而增大其购买的可能性。

下面我们看一个汽车销售的例子。

……

王先生：我也不知道该买哪个。

销售人员：王先生，是这样的。您看刚才您谈到所要购买的车应该是发动机功率为68Kw、扭矩在110Nm、最高时速必须达到150km/h以上，配置有电动后视镜、中控门锁、电动玻璃、6碟CD、真皮座椅。如果要在这些条件中进行选择的话，您认为哪个条件是必须满足的。

王先生：我认为都重要，都要满足。

销售人员：我理解您的要求，只是在投资额已经确定的情况下，要完全满足所有的条件有一定的难度，您认为哪一点最重要？

王先生：发动机必须符合条件。

销售人员：羚羊OK款装备了日本铃木公司最先进的G系列1300CC四缸16气阀、直列水冷四冲程、多点顺序电子燃油喷射的全铝发动机，功率高达85马力，可与众多1.6L轿车媲美。最高时速170公里/小时；0－100公里加速时间小于15S；在60公里的匀速状态下，百公里油耗仅4.8L，是国内目前最省油的车之一。而且外形也很适合您的气质。

王先生：那16气门的发动机与12气门的发动机哪个更好呢？

销售人员：其实都可以，而且该车除了您所关注的发动机性能卓越外，与其他的车不同的是该车还配有车载冰箱，能够让您的驾乘更富有乐趣。该冰箱是进口原装的产品，性能非常的卓越。如果您买其他的车再去配这样的冰箱的话，将要花费数千元。

王先生：真的嘛，那太好了。

销售人员：那您是要黑色呢还是银色呢？

王先生：黑色吧。

销售人员：好的！

当客户面对很多选择，而又不知道该如何选择的时候往往会变得焦躁。如果这时销售人员不帮其缩小选择范围的话，客户很可能会为了摆脱这种不舒服的心态而放弃购买产品。例子中的销售人员正是因为适时的帮客户做出选择，所以才促成了这笔交易。

（1）根据客户需求帮其选择

当客户对多个产品都很感兴趣但是又不想全买的时候，势必需要销售人员来帮他做选择。销售人员首先要通过与客户沟通了解对方的需求，然后再通过自己的专业知识，站在顾客的角度帮顾客选择出比较适合的产品。这样做不但能帮客户解决抉择的困难，同时也会在一定程度上达到“催单”的效果。

（2）二选一法

对于那些对产品有兴趣，可是迟迟不作决定的客户，你不妨使用二选一的方法来帮他一把。比如说，直接问他：“你是要黑色的呢还是要灰色的呢？”、“你是定300件还是500件？”等等。这种方法表面上是把成交主动权让给了客户，实际上则只是把成交的选择权交给了客户。不管客户选择哪种答案，其结果都是成交。

心理策略

作为一名销售人员，其实更主要的不是在卖产品，而更多的时候是在帮顾客做选择。要善于给客户出选择题，告诉客户最佳答案，然后让客户去选择就可以了。

8. 鼓励客户下定决心

许多顾客即使有意购买，也不喜欢迅速付钱，他总要东挑西拣，在产品颜色、皮料、式样，甚至产地上不停地打转。这时，作为聪明的销售人员就要改变策略，你就必须果断的“逼单”，鼓励客户下定决心去购买。

李阳是二手房交易的一名职员，手上有两套代售的房子，户型一样，但因采光不同要价上也有差异，A 套在阴面要价 120 万，B 套在阳面要价 130 万。

孙小姐和李先生同时看上了 B 套房子，但是李先生先下了订单，所以孙小姐显得很失望。李阳向孙小姐提出可以考虑一下 A 套房，并带她去看了房子。孙小姐感觉还不错，但是想到自己因为 10 万块钱就要住在没有阳光的屋子里，心里就不痛快。虽然李阳和孙小姐也面谈过四五次了，可是孙小姐就是迟迟不肯下单。

于是李阳决定“逼单”。这天下午，李阳拨通了孙小姐的电话：“孙小姐，你现在方便接电话吗？……喔，是这样的。因为我们现在有一个客户非常中意 A 套房，所以我想问问您的意见。因为您毕竟先看的房子，而且我们也谈过几次了，您要是愿意要这房子呢，我就给您留着；您要是打算要了呢，我下午就让那位顾客来办手续了。您觉得呢？”孙小姐一听急了，连忙说：“我们下午见面谈谈吧。”虽然最后李阳让价了两万，但是却也逼单成功，顺利的拿到了订单。

孙小姐正是在李阳的“逼迫”下，才下定决心购买房子的。逼单是销售过程中最重要的一个环节，逼单成功，万事大吉；但是若逼单失败，则功亏一篑。

（1）过期不候法

推销员可利用顾客“怕买不到”的心理，来促成订单。坚定地告诉你的客户：“今天是优惠的截止日期，而且产品很受欢迎，但是由于各种原因短期内不会进货，所以明天来就不一定有了，就算有也不会再有折扣了。”人们常对越是得不到、买不到的东西，越想得到它、买到它，所以，用这种方法来逼单很管用。

（2）赠品诱惑法

人们都有占便宜的心理，当客户犹豫不决的时候，适当地给他一些赠品会起到很好的效果。可以告诉他：“如果您诚心要买的话，我就赠您一个什么什么，算是拉一个回头客了。”或许这小小的一个赠品就会让顾客的天平发生倾斜。

（3）欲擒故纵法

有些客户明明已经看中了产品，可是由于某些原因就是磨叽着不肯下订单。此时，销售人员就可以站起来收拾东西，故意做出要放弃这笔交易或离开的样子。如果客户真的打算买，那么这种假装的举动定会促使其快速下定决心购买。

心理策略

逼单是每个销售员都要面对的考验。客户多数时候是不会主动提出订单的，这时候就需要你主动地推他一把，否则煮熟的鸭子也会有飞走的时候。

9. 别突破客户的心理防线

每个人都有自己的心理底线，一旦这条底线被突破，你的所作所为就会成为一种巨大的压力，引起对方的疯狂反击，即使是一头绵羊也会变成狮子一样怒不可遏的发作起来。这时候，你想达成任何目标，都难上加难了。

徐帅是电脑高手，被一家大型企业以优厚的薪酬挖了过来。自从徐帅来到这家企业之后，只要老总有饭局总会叫上徐帅一起去，一边吃吃喝喝，一边畅谈产品未来的市场定位。三天两头的吃饭，时间长了，徐帅与老总彼此之间的交情也越来越深了。

这天老总又叫着徐帅一起吃饭。饭局上，老总和几个高管随意聊起天来，说起大家人生的愿望，已经喝高了的徐帅说："我最大的愿望就是当西餐店老板，等我捞够了钱，就开一家高级的西餐厅，到时候我啥也不干了，天天坐着收钱，哈哈……大家都去我那里吃饭啊……"说完大家同声大笑，气氛相当融洽。徐帅根本没有意识到自己闯了大祸。

月底发工资的时候，徐帅大吃一惊，事先说好的高新没有了，高薪变成了高奖。高奖是根据市场业绩来算的。而徐帅刚来，产品还没搞出来，哪来的市场业绩？结果他的工资比公司的杂勤工高不了多少。紧接着，徐帅又接到人力资源部通知，让他去库房搬货。

这一切来得太突然，徐帅弄不清到底出了什么状况，就去找老总理论。结果老总对他的态度一百八十度大转弯："当时说的就是这个意思，你要还愿意待就待着，不愿意我也不会拦着。"徐帅悲愤莫名地辞了职。可是他还是没有意识到这一切都是因为自己饭局上的一句话造成的。

老板高薪聘请职员是为了让其为自己创造更高的价值，而不是让他坑自己的钱。这是每个老板的底线，如果突破了老板的这个底线，那就只有一个下场，卷铺盖走人。

每个人都有自己的利益诉求，对人与事都有某种期望，这就是当事人的心理底线。老板是这样，客户也是这样。如果无视对方的心理防线，就容易招致麻烦，甚至让你寸步难行。

（1）给足客户面子

尊严是客户作为人的底线。学会为客户保留面子是与客户沟通的一条基本原则。销售人员与客户在产品质量或其他一些方面发生意见分歧是很常见的事。如果你因此当面指正客户，甚至与其发生冲突，就相当于开门要赶走上帝。没有哪个客户能够做到在被销售人员驳了面子，伤了尊严的情况下依然坚持购买产品。

（2）迎合客户的心理价位

心理价位是客户作为消费者的底线。每个客户在购买产品之前都会有一个心理价位，如果产品价格高于这个心理价位太多，客户一般不会作出购买行为。销售人员在与客户交涉的过程中，一方面要去提升客户的心理价位，另一方面要在有降价空间的前提下，尽量使产品的价格迎合客户提高后的心理价位。

心理策略

底线意味着人的最后一道防线。在销售中，你要猜透客户的心思，明白他们的利益在哪里，禁忌是什么，在此基础上行事才容易成功。切记不要去触碰客户的心理敏感点，挑战他的心理防线，否则后果将不堪设想。